Anselm Grün

**Vom Glück
der kleinen
Dinge**

Anselm Grün

Vom Glück der kleinen Dinge

Vier-Türme-Verlag

INHALT

Einleitung 7

Der innere Frieden als Voraussetzung
für Zufriedenheit 13

Zufriedenheit als Dankbarkeit, Genügsamkeit
und Einfachheit 23

Zufriedenheit und Anspruchsdenken 40

Satte Zufriedenheit und wahre Ruhe 57

Der zufriedene Mensch 66

Zufriedenheit mit dem Leben 81

Wege zur Zufriedenheit 88
    Der Weg der Stoa 88
    Psychologische Wege 97
    Spirituelle Wege 103

Friede mit Gott 113

Wahrhaft zufrieden 122

Literatur 125

Einleitung

Oft fragen wir andere: »Wie geht es dir?« oder »Wie geht es gesundheitlich?« oder »Wie geht es in der Familie, mit den Kindern, in der Firma?« Manche antworten dann: »Ich bin zufrieden.« Das kann bedeuten: Es geht mir nicht ganz gut. Ich kann nicht sagen: Alles ist bestens. Aber ich bin zufrieden mit dem, was ist. Ich spüre inneren Frieden, wenn ich an mein Leben denke. Ich bin zufrieden mit meiner Gesundheit. Ich bin jetzt vielleicht nicht mehr so fit wie früher. Aber ich bin zufrieden mit dem, was ist. Ich habe meinen inneren Frieden mit meinem Leben und mit meiner Gesundheit gemacht.

Wir fühlen uns angenehm berührt, wenn uns jemand antwortet, dass er zufrieden ist. Er hat es nicht nötig, mit seinen Großtaten anzugeben. Er muss sein Leben nicht in lauter Superlativen schildern, sondern ist einfach zufrieden mit dem, was ist. Als Robert Lewandowski nach einem Spiel gegen Wolfsburg, in dem er fünf Tore innerhalb einer halben Stunde geschossen hatte, bei der Pressekonferenz befragt wurde, antwortete er nur: »Ich bin sehr zufrieden.« Das war eine sympathische Antwort. Er hat mit seinen Toren nicht angegeben und sich selbst nicht in den Mittelpunkt gestellt. Er sagte einfach nur: Ich bin sehr zufrieden.

Wenn ein anderer im Gespräch zu uns sagt, dass er zufrieden sei, lässt das uns auf offene und ehrliche Weise miteinander sprechen über das, was gerade ist. Das Wort von der Zufriedenheit eröffnet uns ein ehrliches Gespräch. Da muss keiner mit seinen Großtaten angeben. Im Gespräch werden wir vielleicht erfahren, dass nicht alles wunderbar ist, sondern dass es gesundheitliche Probleme gibt, dass es in der Familie Konflikte gibt. Aber der, mit dem wir darüber sprechen, jammert nicht. Er nimmt es einfach hin. Das gehört zum Leben. Er ist trotzdem zufrieden. Es ist ein angenehmes Gespräch, das uns das Wort von der Zufriedenheit ermöglicht.

Wir kennen aber auch eine satte Zufriedenheit, die uns eher unangenehm auffällt. Da ist jemand mit seiner Wohnung und seinem Beruf zufrieden, aber er interessiert sich auch für sonst nichts. Er begegnet den Problemen in der Welt gleichgültig. Das geht ihn alles nichts an. Es ist nur eine kleine Zufriedenheit, die dadurch entsteht, dass man sich aus der Welt heraushält und sich nur auf sein kleinbürgerliches Leben beschränkt. Da ist man schon zufrieden, wenn man im Supermarkt alles kaufen kann, was man braucht und was man haben möchte.

Ich möchte in diesem Buch über diese beiden Aspekte nachdenken, über die angenehme Zufriedenheit und über die satte Zufriedenheit. Und ich möchte nach den Ursachen fragen für die unterschiedliche Haltung und nach den Voraussetzungen, um zu einer guten Zufriedenheit zu gelangen. Dabei wird deutlich werden, dass Zufriedenheit sehr eng mit anderen Haltungen zusammenhängt. Einmal ist die Zufriedenheit verwandt mit Glück. Wir sind glücklich, wenn wir zufrieden sind, wenn wir im Einklang stehen mit uns und unserem Leben. Eine andere Haltung ist die Genügsamkeit. Wer genügsam ist, der ist auch zufrieden mit seinem Leben. Er hat keine übertriebenen Ansprüche. Zur Genügsamkeit gehört auch die Einfachheit. Der Genügsame ist mit einem einfachen Leben zufrieden. Und Zufriedenheit kommt der Haltung der Dankbarkeit nahe. Wer dankbar für das ist, was ihm Gott geschenkt hat, wer dankbar ist für den heutigen Tag, der ist auch zufrieden in seinem Leben.

Als ich für dieses Buch in der Bibliothek nachschaute, was ich zum Thema Zufriedenheit finden kann, fand ich nur ein einziges Buch, in dessen Titel das Wort »Zufriedenheit« vorkam: »Ein Büchlein von der Zufriedenheit«, das im Jahre 1925 vom Kapuzinerpater P. Heinrich Godefried verfasst worden ist. Seine Sprache klingt uns heute fremd. Er nennt drei Wege zur Zufriedenheit: die Zufriedenheit mit Gott, mit dem Nächsten und mit sich selbst. Das ist sicher ein guter Weg, um über das Thema Zufriedenheit nachzudenken. Ich möchte jedoch einen anderen Weg gehen. Ich möchte verschiedene Felder der Zufriedenheit abschreiten.

Im weiteren Umfeld zum Thema stieß ich auf eine ganze Reihe von Büchern über die Einfachheit. Sie gehört sicher auch dazu: einfach leben, mit dem zufrieden sein, was sich mir anbietet, aufhören, nach immer mehr zu streben, das ist sicher ebenfalls ein guter Weg zum Glück, das wir in den kleinen Dingen finden.

Es gibt in der Geschichte der abendländischen Kultur immer wieder Bewegungen hin zur Einfachheit. Rousseau ist einer der wichtigsten Vertreter des sogenannten einfachen Lebens. Aber schon Platon beschreibt das Leben der Wächter der Stadt als ein einfaches Leben. Es ist die Bedingung dafür, dass die Wächter die Stadt nicht ausbeuten, sondern wirklich bewachen. Immer wieder hören wir von Völkern, die noch nicht von der abendländischen Kultur geprägt sind, dass sie zufriedener sind als die Menschen in den zivilisierten Ländern Europas.

Das Wort »Zu-friedenheit« bedeutet eigentlich eine Bewegung. Denn die Vorsilbe »zu-« meint eine zweckhafte Bewegung auf ein Ziel hin. Zufriedenheit meint also: zum Frieden kommen. Wir haben den Frieden nicht als Besitz. Es ist vielmehr eine ständige Aufgabe, zum Frieden zu gelangen, aus dem Unfrieden zum Frieden, aus der Unzufriedenheit zur Zufriedenheit zu finden. Doch die Vorsilbe »zu-« kann auch eine Ruhelage bezeichnen. So sagen wir von jemandem, er sei »zu Hause«. Zufriedenheit kann also auch einen Zustand der Ruhe und des inneren Friedens bezeichnen. Diese Spannung zwischen dem inneren Zustand des Friedens und dem aktiven Zugehen auf den Frieden ist auch in den Redewendungen gemeint, beispielsweise »jemanden zufriedenlassen« oder »zufriedenstellen«. Wir lassen ihn in seinem inneren Frieden. Wir lassen ihm seine Ruhe. Wenn wir jedoch jemanden zufriedenstellen, dann stellen wir aktiv einen Zustand her, mit dem der andere zufrieden sein kann. So möchte ich beides beschreiben: den Zustand und die Haltung der Zufriedenheit und ihre Wirkung auf uns, aber auch die Wege, die wir gehen können, um Zufriedenheit zu erlangen.

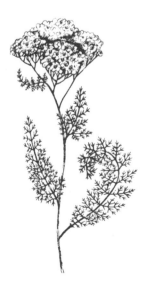

Der innere Friede als Voraussetzung von Zufriedenheit

Das Wort Zufriedenheit hat in seiner Wurzel mit dem Wort Frieden zu tun. Das deutsche Wort »Frieden« gehört zu der Wortfamilie »frei« und stammt aus der indogermanischen Sprachwurzel »prai«, was »schützen, schonen, gern haben, lieben« bedeutet. Frei ist der Mensch, der geschont wird, der Freund, der, den man gernhat, den man liebt. Frieden meint dann den geschützten Raum, in dem freie Menschen miteinander als Freunde umgehen und einander mit Wohlwollen begegnen. Frieden, so sagt uns die deutsche Sprache, gibt es nicht ohne Liebe. Nur wenn wir einander lieben, können wir in Frieden leben.

Das gilt auch für den inneren Frieden. Wir sind mit uns selbst im Frieden, wenn wir uns schonen, anstatt uns ständig zu bewerten und zu beurteilen. Und wir kommen in Frieden mit uns selbst, wenn wir freundlich und wohlwollend mit uns selbst umgehen und wenn wir uns frei fühlen. Solange wir beherrscht werden von unseren Bedürfnissen, solange wir uns ärgern über uns selbst und über unsere Schwächen, solange können wir keinen inneren Frieden finden. Frieden heißt – wenn wir die deutsche Bedeutung ernst nehmen –, dass in dem geschützten Raum unserer Seele und unseres Leibes alles sein darf. Alles gehört zu uns. Aber es beherrscht uns nicht. Alles, was wir in uns sein lassen, ermöglicht uns ein Leben in Freiheit. Wir stehen nicht unter dem Druck, uns in eine bestimmte Form hineinzuzwingen. Wir schauen frei auf alles, was in uns ist. Und wir schonen, verschonen es, wir bewerten es nicht.

Von dieser Bedeutung des Wortes Frieden ist der Weg zum inneren Frieden, zum Seelenfrieden nicht mehr weit. Seelenfrieden ist ein religiöser Begriff. Er meint, dass der Mensch innere Ruhe gefunden hat. Dieser Seelenfrieden bedeutet, dass wir mit unserer Seele im Einklang sind, dass wir freundlich umgehen mit den Regungen unserer Seele. Sie dürfen alle sein. Wir kämpfen nicht dagegen an, sondern halten sie alle im geschützten Raum unseres befriedeten Bereiches. Die Germanen stellen sich vor, dass Friede und Freiheit nur in einem geschützten, in einem »be-friedeten« Bereich möglich sind.

Die christlichen Mystiker haben diese Idee übernommen. Sie glauben: In uns ist auf dem Grund unserer Seele ein geschützter, ein befriedeter Bereich. Dort darf alles sein. Dort sind wir frei gegenüber allen Emotionen, gegenüber allem, was sich in unserer Seele regt. Denn in diesem inneren Raum der Freiheit herrscht Gott. So sind wir frei von der Herrschaft unserer Leidenschaften und Bedürfnisse und von der Herrschaft der Erwartungen anderer Menschen.

Das griechische Wort für Frieden, »eirene«, kommt aus einem anderen Bereich, nämlich der Musik, und meint die Harmonie, das Zusammenklingen der verschiedenen Töne. Das ist auch ein schönes Bild für den inneren Frieden: Wenn wir die lauten und leisen, die hohen und tiefen, die schrägen und die schönen Töne miteinander zusammenklingen lassen, dann kommen wir in Einklang mit uns selbst. Und wenn wir im Einklang sind mit uns selbst, kommen wir auch zu einem Zusammenklang mit anderen Menschen. Dann kann Friede mit anderen Menschen werden. Wenn wir die vielen Töne in uns zusammenklingen lassen, dann sind wir zufrieden mit uns selbst, mit dem inneren Klang. Es muss kein perfekter Klang sein, sondern einer, der alles in uns erklingen lässt, damit alles zusammenklingt. Der Begriff »eirene« bedeutet im Griechischen aber noch mehr: Es ist die Bezeichnung für eine der drei Horen – Göttinnen, die die Stunden unseres Lebens prägen sollen. Dahinter steht also das Bild, dass der Friede in uns auch der göttlichen Hilfe bedarf. Wir sollen darauf vertrauen, dass Gott alles, was in uns ist und was wir oft nicht zusammenbringen, in Einklang bringt. Wir bitten Gott gleichsam als den Dirigenten, dass er die vielen Töne in uns zusammenklingen lässt, damit ein Wohlklang für alle Zuhörer entsteht.

Das lateinische Wort für Frieden heißt »pax«. Es kommt von »pacisci«, »übereinkommen, miteinander sprechen«. Die Römer waren also überzeugt, dass ein Friede immer das Gespräch zwischen Konfliktparteien verlangt. Am Ende der Friedensverhandlungen steht dann ein Friedensvertrag. Auch das können wir als inneres Bild verstehen: Wir sprechen mit allen Emotionen und Leidenschaften, die in uns auftauchen, mit allen Stimmen, die sich in uns zu Wort melden. Wir lassen ihnen ihren berechtigten Raum und nehmen ihre Bedürfnisse ernst. Aber wir lassen sie miteinander sprechen, damit sie sich auf einen Friedensvertrag einigen. Dieser Friede, der durch die

Gespräche entsteht, ist dann bindend für alle. Wenn wir das lateinische Verständnis von Frieden auf den inneren Frieden anwenden, dann heißt es: Ich spreche mit den verschiedenen Bedürfnissen in mir, mit meinen Emotionen und Leidenschaften, mit all dem, was in mir auftaucht. Und ich spreche mit denen, die ich als inneren Gegner empfinde, also mit den Seiten in mir, die ich am liebsten verbergen möchte, die mir nicht so angenehm sind.

Jesus hat dazu ein schönes Gleichnis erzählt: »Wenn ein König gegen einen anderen in den Krieg zieht, setzt er sich dann nicht zuerst hin und überlegt, ob er sich mit seinen zehntausend Mann dem entgegenstellen kann, der mit zwanzigtausend gegen ihn anrückt? Kann er es nicht, dann schickt er eine Gesandtschaft, solange der andere noch weit weg ist, und bittet um Frieden« (Lukas 14,31f). Das Gleichnis können wir auf unsere innere Situation hin auslegen: Wir kämpfen oft gegen unsere Fehler und Schwächen. Wir möchten sie am liebsten ausradieren. Sie stören uns, sie stellen das Bild infrage, das wir von uns selbst haben. Wir möchten gern voller Selbstvertrauen sein, wir möchten nicht so empfindlich reagieren auf manche Kritik, mehr Selbstdisziplin haben.

Wir ärgern uns, wenn wir zu viel essen oder trinken, wenn wir zu viel über andere reden. Wir nehmen uns dann vor, diese Fehler zu überwinden. Doch oft ist es ein vergeblicher Kampf. Wir haben die feste Vorstellung, dass wir möglichst fehlerfrei sind. Doch das Ringen um diese Fehlerfreiheit führt dazu, dass wir unzufrieden sind mit uns selbst. Denn wir spüren, dass sich die Fehler nicht einfach ausradieren lassen.

Ich erlebe viele Menschen, die mit sich nicht zufrieden sind, weil sie dem Bild nicht entsprechen, das sie sich von sich selbst gemacht haben. Sie meinen, sie könnten alle Schwächen durch ihre Disziplin oder durch ihre Spiritualität überwinden. Doch dann wird es ein vergeblicher Kampf. Um im Bild Jesu zu bleiben: Sie spüren, dass die Fehler gleichsam zwanzigtausend Soldaten zur Verfügung haben, während sie selbst nur mit zehntausend Mann kämpfen. Doch sie wollen nicht wahrhaben, dass sie in ihrem Kampf gegen ihre Schattenseiten, gegen ihre Schwächen unterlegen sind.

Als ich ins Kloster eingetreten bin, dachte ich, ich könnte mit »meinen zehntausend Soldaten«, mit meiner Willenskraft, meinem Ehrgeiz, meiner Disziplin alle meine Fehler nach und nach überwinden. Doch schon nach zwei Jahren bin ich sehr unsanft auf die Nase gefallen. Da spürte ich, dass ich nie Herr werde über meine Schwächen.

Ich muss mich aussöhnen mit ihnen. Nur so kann ich in Frieden mit mir kommen. Nur dann hören meine Schwächen auf, gegen mich zu kämpfen. Sie sind da, ohne Macht über mich zu gewinnen. Ich lasse sie da, weiß um sie. Aber sie beherrschen mich nicht. Wenn ich nicht über sie herrschen will, hören auch sie auf, mich zu bekämpfen, um mich beherrschen zu können. Es entsteht ein Friedensvertrag, der mir guttut und mich befreit von dem ständigen Kampf gegen mich selbst. Wenn ich im Bild des Gleichnisses bleibe, kann ich sagen: Wenn ich mit meinen inneren Feinden Frieden schließe, dann habe ich statt zehntausend Soldaten nun dreißigtausend zur Verfügung. Meine Kräfte und Fähigkeiten vermehren sich. Und mein Land, in dem ich lebe, wird größer. Mein Herz weitet sich und auch mein Blickwinkel wird größer und weiter.

Der Weg, den Jesus in diesem Gleichnis empfiehlt, bedeutet: Ich spreche mit meinen Schattenseiten, mit meinen Fehlern und Schwächen. Ich gehe freundlich mit ihnen um und frage sie, was sie mir sagen wollen.

Natürlich soll ich mich nicht von meinen Schwächen beherrschen lassen. Das würde gegen meine innere Würde verstoßen. Aber wenn ich mit meinen eher unangenehmen Seiten ein Gespräch anfange, dann werden sie mich zur Demut führen. Sie werden mir sagen: »Sei zufrieden mit dir, so, wie du bist. Nimm Abschied von deinen Illusionen, dass du ein perfekter Mensch, ein perfekter Christ bist. Du bist ein Mensch mit Stärken und Schwächen, mit angenehmen und unangenehmen Seiten, mit solchen, die du anderen gerne zeigst, und mit Seiten, die du vor anderen lieber verbergen möchtest. Gott kennt alle deine Seiten, die hellen und dunklen, die schönen und weniger schönen. Gott nimmt dich trotzdem an, wie du bist. Daher söhne dich aus mit dir und mit allem, was in dir ist.«

Diese Worte klingen für manche vielleicht nach Resignation, nach dem Motto: Ich muss mich halt so annehmen, wie ich bin. Ich kann mich nicht verändern. Ich kann innerlich nicht weiterkommen. Doch so ist es nicht gemeint. Wenn ich mit meinen Schattenseiten ein Gespräch führe, dann werde ich erkennen, dass auch in den Schwächen immer eine Stärke verborgen liegt. Und ich werde erfahren, dass meine Schattenseiten mir zum Freund werden können. Das ist ja der Sinn des Gesprächs mit dem Feind, dass er zum Verbündeten wird oder gar zum Freund. Für den Schweizer Psychotherapeuten C. G. Jung sind die Schattenseiten immer auch eine Quelle von Lebensenergie. Wenn ich die Schattenseiten unterdrücke, dann werden sie gegen mich kämpfen, dann entwickeln sie in meiner Seele eine destruktive Energie. Wenn ich mich aber mit ihnen aussöhne, dann werden sie zum Lebensspender. Es geht nicht darum, sich resigniert mit seinen Schwächen abzufinden. Vielmehr ist die Voraussetzung einer inneren Verwandlung, dass ich mich aussöhne mit den Schwächen. Dann verlieren sie ihre Macht und ich werde fähig, immer mehr in die einmalige Gestalt hineinzuwachsen, die Gott mir zugedacht hat.

Wenn jemand seinen inneren Frieden gefunden hat oder sich um diesen Frieden bemüht, dann fällt es ihm auch leichter, mit seinem Leben zufrieden zu sein. Dann stellt er nicht so viele Ansprüche. Die Unzufriedenheit mit den äußeren Dingen ist oft nur ein Ausdruck dafür, dass die Menschen nicht mit sich zufrieden sind. Sie kritisieren dann die Lebensumstände, die Wohnung, die ihren Wünschen nicht entspricht, die Umgebung ihrer Wohnung, in der sie der Lärm stört, die Arbeitsbedingungen in der Firma. Alles Äußere wird dann zu einem Grund zur Unzufriedenheit. Natürlich gibt es äußere Bedingungen, die einem den inneren Frieden rauben können. Dann muss man versuchen, sie zu ändern. Aber wer mit sich im Frieden ist, der ist leichter zufrieden mit dem, was um ihn herum ist. Nichts davon stört dann seinen inneren Frieden.

Zufriedenheit als Dankbarkeit, Genügsamkeit und Einfachheit

Die Weisen aller Religionen und Kulturen sprechen davon, dass wir mit Wenigem zufrieden sein sollen. Darin besteht die Kunst des Lebens. Doch das ist keine resignierte Haltung. Ich bin nicht mit Wenigem zufrieden, weil ich mir gar nicht zutraue, Erfolg zu haben oder so viel zu verdienen, dass ich mir etwas leisten kann. Ich bin vielmehr zufrieden, weil ich vieles nicht brauche. Die Zufriedenheit ist also Kennzeichen innerer Freiheit. Ich bin zufrieden mit dem Wasser, das ich trinke, mit dem Brot, das ich esse. Doch das bin ich nur dann, wenn ich das Wasser wirklich genieße, wenn ich es achtsam trinke und spüre, wie es meinen Durst löscht, wie beglückend es ist, frisches klares Wasser zu trinken. Und ich werde mit dem Brot nur dann zufrieden sein, wenn ich es schmecke und den Geschmack genieße.

Zur Zufriedenheit kommt noch etwas hinzu: Ich erlebe sowohl das Wasser als auch das Brot als Geschenk von Gott. Es steht mir nicht einfach zu. Ich erlebe es als Gabe, die mir Gott schenkt. Gott meint es gut mit mir. Daher ist die Zufriedenheit immer auch mit Dankbarkeit verbunden. Der undankbare Mensch ist nie zufrieden. Er möchte immer mehr. Der römische Philosoph Cicero sieht in der Undankbarkeit einen Verstoß gegen die »humanitas«, gegen die Menschlichkeit. Wer sich als Mensch versteht, als Geschöpf Gottes, der ist auch dankbar für das, was Gott ihm schenkt.

Voraussetzung für die Dankbarkeit ist, dass ich innehalte und das, was mir in diesem Augenblick geschenkt wird, wahrnehme. Wir übergehen oft die Gelegenheiten, um dankbar zu sein. Doch wenn ich innehalte und wahrnehme, was mir geschenkt wird, dann entsteht eine Spirale der Dankbarkeit. Dann entdecke ich auf einmal viele Gelegenheiten dazu. Bruder David Steindl-Rast, der die Dankbarkeit in die Mitte seiner Spiritualität gestellt hat, sieht einen Dreischritt der Dankbarkeit: »Stop! Look! Go! Das ist der Dreischritt der Dankbarkeit. *Halt inne*, sonst läufst du an der Gelegenheit vorbei, die sich dir hier und jetzt bietet. *Schau genau hin*, damit du die Gelegenheit erspähst. Und – ebenso wichtig wie die beiden anderen – *tu etwas*, pack die Gelegenheit beim Schopf« (Steindl-Rast, 11). Unter Tun versteht David Steindl-Rast keine großen Werke. Das eigentliche Tun der Dankbarkeit besteht darin, »etwas aus einer Gelegenheit (zu) *machen*. Sie nutzen, um dem Leben zu dienen« (Steindl-Rast, 34). Ich kann nicht dankbar sein für das verletzende Wort, das ich gehört habe. Aber ich kann dankbar sein für die Gelegenheit zu lernen, gelassen und geduldig auf verletzende Worte zu reagieren.

David Steindl-Rast zitiert in seinem Buch über die Dankbarkeit ein Wort von Omraam Mikhael Aivanhov: »An dem Tag, an dem wir bewusst ›Danke‹ sagen, haben wir den Zauberstaub gewonnen, der alles verwandeln kann« (Steindl-Rast, 13). Der dankbare Mensch erkennt in jedem Augenblick die Geschenke, die Gott ihm darbietet: das Lächeln eines Menschen, eine gute Begegnung, ein erfreuliches Gespräch, das Aufblühen einer Rose, die leuchtenden Farben der herbstlichen Blätter an den Bäumen, die Sonne, die scheint, die Möglichkeit, heute etwas zu tun, anderen Menschen zu helfen, andere aufzurichten.

Es geht darum, die Dankbarkeit zu üben. Es geht darum, sich darin zu üben, immer wieder innezuhalten und wahrzunehmen, was dieser Augenblick mir sagt, und dann dankbar darauf zu reagieren. Wenn ich die Dankbarkeit einübe, dann wird sich mein Leben verwandeln. Dann gilt: »Ich bin nicht dankbar, weil ich glücklich bin, sondern ich bin glücklich, weil ich dankbar bin.« Die Dankbarkeit verwandelt auch Traurigkeit und Niedergeschlagenheit. Albert Schweitzer meinte einmal, gerade dann, wenn es mir nicht so gut geht, sollte ich etwas suchen, wofür ich dankbar sein kann. Und es gibt immer etwas! Ich kann dankbar sein für diesen neuen Tag, der mir Gelegenheit gibt, aufzustehen, auf andere Menschen zuzugehen, anderen eine Freude zu machen.

Die deutsche Sprache kennt die Verwandtschaft der Worte »danken« und »denken«. Danken kommt von denken, denn wer richtig denkt, der ist auch dankbar. Der undankbare Mensch denkt nicht richtig nach über sein Leben. Die Gedanken des undankbaren Menschen entstammen nicht einem wachen Denken. Richtig denkt nur der, der dankbar gedenkt. Wer richtig denkt, wer der Begegnung mit wachem Geist gedenkt, der wird erfüllt mit dankbarer Gesinnung. Nur ein dankbares Gedenken ist uns angemessen. Mit Undankbarkeit an etwas zu denken, lässt die Dinge in einem falschen Licht erscheinen. Dietrich Bonhoeffer hat das so ausgedrückt: »Ohne die Dankbarkeit versinkt meine Vergangenheit ins Dunkle, ins Rätselhafte, ins Nichts« (Steindl-Rast, 59). Das heißt: Nur wenn wir dankbar an das Vergangene denken, werden wir den Sinn der Vergangenheit erkennen. Ohne Dankbarkeit wird alles unverständlich und rätselhaft. Die Dankbarkeit erschließt uns die Vergangenheit. Und dann gehört die Vergangenheit uns. Sie wird zu einem Teil von uns. Hermann Hesse meinte einmal, das Schönste im Alter sei, dankbar im Erinnerungsbuch seines Lebens zu lesen. Wenn ich dankbar darin lese, werde ich den Sinn meines Lebens erkennen. Und ich werde mit innerem Frieden erfüllt.

Dankbarkeit meint nicht, dass ich ständig Danke sage. Kinder drücken ihre Dankbarkeit aus, indem sie sich über ein Geschenk freuen. Das freudige Tun ist Ausdruck ihrer Dankbarkeit. So sieht es auch Karl Barth, wenn er schreibt: »Freude ist die einfachste Form der Dankbarkeit« (Steindl-Rast, 99). Freude und Dankbarkeit ergänzen einander. Freude ist Ausdruck meiner Dankbarkeit. Und umgekehrt gilt: Dankbarkeit ist der Schlüssel zur Freude: »In dem Augenblick, wo wir dankbar sind, finden wir zurück zu der Freude, die immer in uns ist« (Steindl-Rast, 100). Wer dankbar und mit innerer Freude in den Tag geht, der wird auch die Menschen in seiner Umgebung mit seiner Haltung anstecken. Die Dankbarkeit verwandelt nicht nur den Tag, sondern auch das Leben der Menschen, denen er mit dieser Haltung begegnet. Die Dankbarkeit verbindet uns mit den Menschen, denen wir begegnen. David Steindl-Rast meint, die Dankbarkeit verbinde uns mit allen Menschen, auch mit denen anderer Religionen: »Es gibt keinen Menschen in der Welt und keine Gesellschaft, die nicht Dankbarkeit zu würdigen weiß. Der dankbare Mensch gilt überall als ein weiser Mensch, als ein guter Mensch. Jeder Mensch ehrt Dankbarkeit in der ganzen Welt« (Steindl-Rast, 140). Wer sich verbunden weiß mit anderen Menschen, wer sich »zugehörig« weiß, der ist zufrieden mit seinem Leben. So hängen Dankbarkeit und Zufriedenheit eng miteinander zusammen.

Die Zufriedenheit zeigt sich auch in der Genügsamkeit. Es gibt Menschen, für die es nie genug ist. Sie können nicht genug essen oder trinken. Und sie können sich als Gast nicht begnügen. Der zufriedene Mensch dagegen genießt den Abend als Gast. Aber er geht nach Hause, wenn es am Schönsten ist. Er hat ein Gespür für den Gastgeber und für die anderen Gäste. Es gibt eine Zeit, die für alle gut ist, die alle genießen können. Aber wenn Gäste nie genug haben und immer noch sitzen bleiben, obwohl die Gastgeber am liebsten aufräumen und ins Bett gehen möchten, dann werden sie das Miteinander auch nicht mehr genießen. Sie können nicht loslassen. Eigentlich wird das Zusammenbleiben dann zur Qual. Die Gastgeber machen gute Miene zum bösen Spiel, obwohl sie froh wären, wenn jetzt alle gingen. Auch die Freude hat ihr Maß. Wer genügsam ist, spürt dieses Maß.

Die deutschen Wörter »genug« und »genügsam« hängen von der Bedeutung zusammen mit »etwas erreichen, erlangen«. Wer genügsam ist, wer sich mit Wenigem begnügt, der ist auch vergnügt, der findet darin sein Vergnügen. Sich vergnügen kann nicht der, der nie genug hat. Das Vergnügen hat offensichtlich mit dem »Genügsamsein« zu tun. Ich vergnüge mich, wenn mir das, was ich gerade erlebe, genug ist. Wer sich nicht begnügen kann, wird nie zufrieden sein.

Genügsam ist der, der mit Wenigem zufrieden ist. Er stellt keine hohen Ansprüche. Er ist zufrieden, wenn er zum Essen eingeladen ist. Er ist zufrieden mit seinem Platz im Bus oder in der Straßenbahn. Er stellt keine hohen Ansprüche an den Lebenskomfort. Es entspricht der Weisheit vor allem der stoischen Philosophie, dass der Weise mit Wenigem zufrieden ist. Die stoischen Philosophen loben das einfache Leben, den einfachen Lebensstil. Der ist heute für viele Menschen, die bewusst leben, selbstverständlich geworden. Es ist kein Zeichen von Armut oder Einfallslosigkeit. Vielmehr hat ihr einfaches Leben eine eigene Qualität. Ihre anspruchslose Schlichtheit führt zur Zufriedenheit und zu einer Schönheit und Klarheit in ihrem Leben. Von diesem einfachen Leben sagt Jean Paul: »Man kann die seligsten Tage haben, ohne etwas anderes dazu zu gebrauchen als blauen Himmel und grüne Frühlingserde.« Einfachheit hat für Jean Paul mit Seligkeit zu tun. Wer den blauen Himmel und die grüne Frühlingserde genießen kann, für den ist die einfache Lebensweise ein Weg zum wahren Glück.

Lao Tse, der große chinesische Weise, hat die einfache Lebensweise als Anspruchslosigkeit und Genügsamkeit im Blick, wenn er schreibt: »Wenn du erkennst, dass es dir an nichts fehlt, gehört dir die ganze Welt.« Wenn ich genug habe an dem, was mir Gott geschenkt hat, an meinem Leib und meiner Seele, an den Menschen, mit denen ich lebe, und an den Dingen, die ich besitze, dann gehört mir die ganze Welt. Ich bin einverstanden mit der Welt und so bin ich auch eins mit ihr. Und wenn ich eins mit der Welt bin, dann gehört sie mir. Ich fühle mich zur Welt zugehörig. Aber sie gehört auch mir. In dem einen Augenblick, in dem ich achtsam durch den Wald gehe und den Duft der Bäume rieche, bin ich eins mit der ganzen Welt und letztlich eins mit dem Schöpfer des Alls. Und in diesem Augenblick habe ich das Gefühl: Alles gehört mir. Alles ist auch für mich da, mir gegeben von Gott, der auch mich geschaffen und mich mit seinem Geist erfüllt hat.

Die Angst, nicht genug zu haben, treibt heute viele um. Sie denken, dass sie nicht genügend Geld haben, um in Urlaub fahren zu können, oder dass das Geld nicht reicht, um ihre Versorgung im Alter zu sichern. Die andern glauben, ihre Wohnung sei nicht groß genug, um bequem darin zu wohnen, oder ihr Auto sei nicht sicher genug. Es gibt vor allem zwei Ursachen für das Gefühl, nicht genug zu haben. Das eine ist die Angst, dass unsere Mittel nicht ausreichen, unsere Zukunft zu sichern. Das andere die Angst, dass wir in den Augen der anderen nicht gut genug sind.

Die Angst, dass das Geld nicht genügt, hängt oft mit der Angst zusammen, selbst nicht gut genug zu sein. Viele haben in ihrer Kindheit erfahren, dass sie den Ansprüchen der Eltern nicht genügen. Das Gefühl, nicht gut genug zu sein, prägt sie das ganze Leben hindurch. Sie sind nicht gut genug als Mutter, als Vater oder in ihrem Beruf. Sie können nicht gut genug argumentieren, wenn sie mit anderen sprechen. Ich kenne einen Psychologen, der erfolgreiche Kurse hält. Doch nach jedem Kurs hat er das Gefühl: Ich bin nicht gut genug. Der Kurs war nicht gut genug. Er hätte besser sein müssen. Dieses Empfinden, nicht gut genug zu sein, hinterlässt in uns ein ständiges Gefühl von Unzufriedenheit. Wir können uns an dem, was wir tun, nicht freuen. Denn eigentlich müsste es immer noch besser sein. In der Psychologie sagt man: Wir haben in uns ein nicht genügendes Kind. Dieses nicht genügende Kind meldet sich immer wieder zu Wort. Wir haben das Gefühl: Ich bin nicht gut genug als Mutter, ich genüge nicht als Vater. In meiner Arbeit tue ich nicht genug oder bin nicht qualifiziert genug. Es wäre gut, dieses nicht genügende Kind, das sich immer zu Wort meldet, in den Arm zu nehmen. Wenn ich in mir das nicht genügende Kind umarme und ihm sage: »Für mich bist du gut genug. Es ist gut, wie du bist«, dann wird es langsam leiser in mir. Und es wird dem zufriedenen Kind in mir weichen.

Die zweite Ursache für das Gefühl, nicht zu genügen, ist das Vergleichen. Solange ich mich mit anderen vergleiche, habe ich immer das Gefühl, dass ich nicht genug habe und dass ich nicht gut genug bin. Es gibt immer Menschen, die besser reden können als ich, die mehr Geld haben als ich, die mehr Erfolg und Einfluss haben als ich. Solange ich mich mit andern vergleiche, bin ich nie zufrieden mit dem, was ich bin und was ich habe. Sören Kierkegaard meint: »Das Vergleichen ist das Ende des Glücks und der Anfang der Unzufriedenheit.« Wenn wir uns mit anderen vergleichen, sind wir immer unzufrieden. Allerdings meint ein chinesisches Sprichwort, dass das Vergleichen mit Menschen, die schwächer sind als ich, auch zur Zufriedenheit führen könne: »Vergleiche dich mit Bessergestellten, und du bist unzufrieden. Vergleiche dich mit Schlechtergestellten, und du hast mehr als genug.« Doch für mich ist es besser, das Vergleichen überhaupt zu lassen.

Eine Frau erzählte mir, dass sie gerne in eine Frauengruppe geht. Aber zugleich wird das Gespräch dort für sie oft zur Belastung. Denn sie vergleicht sich ständig mit anderen. Und sie hat den Eindruck, dass die anderen, die alle Abitur haben, besser reden können als sie. Dann traut sie sich nicht, etwas zu sagen. Sie meint immer, das, was sie sagen will, sei im Vergleich mit den anderen zu banal. Eine Freundin riet ihr, sie solle sich denken, dass die anderen zwar besser reden könnten, sie selbst aber eine bessere Köchin sei. Doch dann bleibt sie wieder im Vergleichen. Hilfreicher wäre es, einfach sich selbst zu spüren und das Vergleichen loszulassen. Das ist jedoch nicht so einfach. Ob wir wollen oder nicht, unbewusst vergleichen wir uns ständig mit anderen. Doch sobald wir es merken, sollten wir uns selbst spüren. Es könnte eine Hilfe sein, die Hände auf den Bauch zu legen, bei sich selbst zu sein und sich dann vorzusagen: »Ich bin ich und der andere ist, wie er ist. Ich spüre mich. Und es ist gut so, wie ich bin. Es lohnt sich nicht zu vergleichen. Ich lebe mein Leben. Ich kümmere mich darum, dass ich mein Leben gut leben kann. Dann werde ich zufrieden sein mit mir und meinem Leben.«

Der griechische Philosoph Epikur von Samos hat zum Thema Genügsamkeit ein weises Wort geprägt: »Wem genug zu wenig ist, dem ist nichts genug.« Es gibt Menschen, für die genug immer zu wenig ist. Die

Musik, die sie im Konzert gehört haben, war nicht gut genug. Das Essen ist nicht gut genug. Die Gesundheit könnte besser sein. Wem nichts genug ist, der ist immer unzufrieden. Daher besteht die Kunst des Lebens darin, sich zu begnügen mit dem, was ist, und dankbar zu genießen, was Gott mir genügend anbietet an Schönheit, die ich schauen kann, an Speisen, die ich genießen kann, und an Menschen, die mir ihre Freundschaft zeigen.

Mit dem Wort Genügsamkeit verbinden wir auch das Wort »Genugtuung«. Wir empfinden Genugtuung, wenn uns etwas geglückt ist oder wenn uns eine Arbeit Freude bereitet. Peter Rosegger sagte einmal: »Wer nicht schon in der Arbeit Genugtuung findet, der wird nie zur Zufriedenheit gelangen.« Die Arbeit ist ein wichtiger Ort, an dem wir Genugtuung finden können. Wem aber die Arbeit nur Last ist, wer sie als Zumutung erlebt, der wird auch in seinem Leben nicht zufrieden sein. Wer dagegen gerne arbeitet, wer daran Freude hat, der wird in seinem Leben diese Genugtuung erfahren, der wird Zufriedenheit spüren bei allem, was er tut.

Das Thema der Genügsamkeit und Einfachheit hat in den letzten Jahrzehnten eine neue Aktualität erfahren. Reimer Gronemeyer hat dazu ein Buch geschrieben: »Die neue Lust an der Askese«. Er zitiert darin den Soziologen Arnold Gehlen, der die Askese als den Ausweg aus der Krise unserer Zeit sieht. »Praktisch würde sie bedeuten, dass man sich zunächst einmal mindestens von dem ausschließt, was Bergson den allgemeinen Wettlauf nach dem Wohlleben nannte« (Gronemeyer, 22f). Gronemeyer erzählt von dem erfolgreichen Modeschöpfer Karl Lagerfeld, der sich in einem Wald ein Kloster bauen lassen will, in dem er mit seinen Mitarbeitern leben möchte: »Mir schwebt etwas vor, das den Fortschritt des Jahres 2000 mit der Lebensdisziplin in einem mittelalterlichen Kloster verbindet, aber ohne jeden katholischen Beigeschmack« (Gronemeyer, 15). Offensichtlich kennt Lagerfeld die Sehnsucht nach einem einfachen Leben, in dem er mit Wenigem zufrieden sein kann. Der ganze äußere Glamour fällt weg. Und er wird konfrontiert mit sich selbst. Diese Einfachheit sollte »ohne katholischen Beigeschmack« sein, damit ist wohl gemeint, dass die Einfachheit frei ist von harter Askese. Vielmehr soll sie den Geschmack von Freiheit und Weite atmen.

Herrad Schenk hat das Buch »Vom einfachen Leben. Glückssuche zwischen Überfluss und Askese« herausgegeben, in dem er viele Texte aus verschiedenen Kulturen zum Thema Einfachheit gesammelt hat. Er beschreibt zudem die verschiedenen Facetten des einfachen Lebens. In manchen Zeiten der Weltgeschichte war das einfache Leben die Kultur geschlossener Gemeinschaften, nicht nur der Klöster, sondern auch ganzer Staaten wie Sparta und das alte Preußen. Oft war das einfache Leben vor allem eine Antwort auf die Zivilisation, die sich immer mehr von der Natur entfernte. Einfaches Leben ist dann ein Leben mit der Natur, ein natürliches und ursprüngliches Leben. Oft ist das einfache Leben ein Protest gegen den Kapitalismus, der von der Philosophie des »Immer-Mehr« geprägt ist, und ein Zeichen gegen die Ressourcenverschwendung. Die Sehnsucht nach dem einfachen Leben entspringt häufig auch der Überforderung durch die zunehmende Komplexität des Lebens. Angesichts der totalen Informationswelt möchte man aussteigen aus dem Hamsterrad, immer über alles informiert sein zu müssen. Man möchte wieder das einfache Leben, in dem man selbst lebt, anstatt von den ständigen Informationen überschwemmt und fremdgesteuert zu werden.

Manchmal ist diese Sehnsucht nach dem einfachen Leben auch sehr romantisch. Und sie ist das typische Kennzeichen wohlhabender Schichten. Denn wer in wirklicher Armut lebt, der verherrlicht die Einfachheit nicht. Das Leben unter dem Motto: »Zurück zur Natur« und der Zug zum einfachen Leben kehren immer wieder als Welle, so in der Romantik, dann in der Jugendbewegung nach dem Ersten Weltkrieg und in der Hippiebewegung der Siebzigerjahre. Offensichtlich sehnt sich der Mensch danach, einfach zu leben und mit Wenigem zufrieden zu sein. Auch heute gibt es Aussteiger, die bewusst von der Hand in den Mund leben, auf vieles verzichten, um auf neue Weise innere Zufriedenheit zu erlangen. Wie weit das romantisch ist oder wirklich zum inneren Frieden führt, muss man sich beim Einzelnen genau anschauen. Manchmal leben diese Menschen dann doch von den Wohltaten der Gesellschaft und nicht das einfache Leben, zu dem viele Arme heute von außen gezwungen werden.

Einer der bekanntesten Aussteiger war Henry David Thoreau, der 1845 eine Hütte in den Wäldern von Massachusetts baute, um dort einfach und zugleich autark zu leben. Zur Begründung seines Ausstiegs schreibt er: »Ich zog in den Wald, weil ich den Wunsch hatte, mit Überlegung zu leben, dem eigentlichen, wirklichen Leben näherzutreten, zu sehen, ob ich nicht lernen konnte, was es zu lehren hatte, damit ich nicht, wenn es zum Sterben ginge, einsehen müsste, dass ich nicht gelebt hatte« (Schenk, 263). Das Ziel war also nicht unbedingt das einfache Leben. Vielmehr erwartete er, durch das einfache Leben das Geheimnis wirklichen Lebens zu erspüren: »Ich wollte tief leben, alles Mark des Lebens aussaugen, so hart und spartanisch leben, dass alles, was nicht Leben war, in die Flucht geschlagen wurde« (Schenk, 264). So zieht sich durch die Beschreibung des Lebens in der Waldhütte immer wieder die Forderung: »Vereinfache, vereinfache!« Diese Sehnsucht mag auch heute manche Menschen dazu treiben, auszusteigen aus dem Konsumrausch und möglichst einfach zu leben. Sie wollen wirkliches Leben, zufriedenes Leben. Die Zufriedenheit soll nicht von äußeren Dingen abhängen, sondern sie soll aus einem Herzen strömen, das frei ist von dem Zwang, möglichst viel konsumieren zu müssen.

Zufriedenheit und Anspruchsdenken

Ich erlebe bei vielen Menschen heute ein übertriebenes Anspruchsdenken: Ich habe Anspruch auf meine Gesundheit, ich habe Anspruch auf ein ruhiges Zimmer im Hotel; Kinder stören meinen Anspruch auf Ruhe. Heute wird dieser Anspruch oft genug rechtlich durchgesetzt. So hat ein Mann gerichtlich darauf Anspruch erhoben, dass in dem Hotel, in dem er übernachtet, keine behinderten Menschen untergebracht werden dürfen. Er glaubt, er habe Anspruch gleichsam auf eine keimfreie Umgebung. Alles, was unangenehm ist, was das Lebensgefühl verletzt, darf nicht sein. So ein übertriebenes Anspruchsdenken führt zu einer aggressiven Atmosphäre in der Gesellschaft. Und es führt dazu, dass alle, deren Ansprüche nicht erfüllt werden, sich als Opfer fühlen: Ich habe das Recht, dass ich nur gesunde Menschen um mich habe, daher bin ich Opfer, wenn ich behinderte Menschen in meiner Nähe erlebe. Solches Anspruchsdenken geht von einem grenzenlosen Egoismus aus. Es zerstört das Miteinander und führt dazu, dass man rücksichtslos seine Ansprüche durchsetzt. Zufrieden und glücklich sind solche Menschen nie. Im Gegenteil, sie verstecken sich hinter ihren Ansprüchen, um einen Grund für ihre Unzufriedenheit zu haben. Sie können sich nicht eingestehen, dass sie selbst unzufrieden sind. Daher suchen sie den Grund in ihrer Umgebung. Sie erwarten von ihr, dass sie ihnen Frieden schenkt. Doch wenn sie mit sich selbst nicht zufrieden sind, werden sie auch bei Erfüllung aller ihrer Ansprüche keinen Frieden finden.

Das überhöhte Anspruchsdenken ist heute ein entscheidender Grund für die weit verbreitete Unzufriedenheit vieler: Sie sind unzufrieden mit dem Staat, weil der ihre Ansprüche nach einem immer größeren Einkommen und einem sicheren Arbeitsplatz nicht erfüllt. Sie sind unzufrieden mit dem Betrieb, in dem sie arbeiten, weil dort Leistung und Anstrengung verlangt wird. Eine Mutter meinte, das ganze Bildungssystem sei für ihren Sohn nicht gut. Da könne er sich nicht entfalten. Doch diese Anklage wollte eigentlich nur vertuschen, dass ihr Sohn schon zweimal das Studium abgebrochen hatte. Er hatte den Anspruch, dass das Studium Spaß machen soll. Jede Anstrengung, die ein Studium heute und schon immer verlangt hat, widerspricht dem Anspruch auf ein bequemes und spaßvolles Lernen oder auf ein unbeschwertes Studentenleben. Man beschwert sich dann über unsere Leistungsgesellschaft. In vielerlei Hinsicht ist diese auch zu kritisieren, weil sie den Wert des Menschen ausschließlich in seiner Leistung sieht. Aber man darf diese Kritik nicht dazu missbrauchen, um seine eigene Weigerung, sich dem Leben zu stellen, zu begründen. Benedikt beurteilt die jungen Mönche nicht nach ihrer Leistung, sondern danach, ob sie wahrhaft Gott suchen. Doch das zeigt sich nicht nur im Eifer für den Gottesdienst, sondern auch an der Fähigkeit, sich auf die Gemeinschaft einzulassen, und in der Bereitschaft, sich in der Arbeit fordern zu lassen. Die Bereitschaft, sich an die Arbeit hinzugeben, ist ein Zeichen innerer Freiheit und ein Zeichen dafür, dass ich bereit bin, mich Gott hinzugeben. Dass der Mensch sich an die Arbeit hingibt, dass er in Fluss kommt, wenn er arbeitet, das ist für die Psychologen heute ein Kriterium für ein glückliches Leben, ein Kriterium für die Zufriedenheit eines Menschen. Wer nur um sich und seine Bedürfnisse kreist, der ist nicht zufrieden. Aber er sieht den Grund seiner Unzufriedenheit nicht in sich selbst, sondern in den äußeren Umständen. Hilfreicher wäre es, wenn diese Menschen sich der eigenen Unzufriedenheit stellen und sich fragen würden, was der tiefste Grund dafür ist.

Oft ist der wahre Grund für die Unzufriedenheit das Anspruchsdenken, das zu hohe Erwartungen an das Schicksal, an das Leben stellt, das wir führen möchten. Wilhelm von Humboldt hat erkannt: »Die meisten Menschen machen sich selbst durch übertriebene Forderungen an das Schicksal unzufrieden.« Sie meinen, sie müssten immer auf der Sonnenseite des Lebens stehen. Sie müssten immer Erfolg haben. Das Schicksal müsse es immer gut mit ihnen meinen. Sie müsste frei bleiben von Krankheit oder Unfällen. Doch diese übertriebenen Ansprüche an das Schicksal führen zwangsläufig zur Unzufriedenheit. Denn es scheint nicht immer die Sonne. Wir müssen uns damit aussöhnen, dass unser Weg durch Sonne und Regen, durch Wind und Wetter führt.

Das Anspruchsdenken richtet sich nicht nur auf den Staat, die Gesellschaft oder die Arbeisstelle. Es richtet sich oft genug auch gegen uns selbst. Wir haben an uns selbst zu hohe Ansprüche. Wir denken, wir müssten immer fröhlich sein, immer positiv denken, alles im Griff, immer Erfolg haben, von allen anerkannt sein. Dieser zu hohe Anspruch, den wir an uns selbst stellen, kommt aus der Kindheit. Es ist normal, dass Eltern Erwartungen an ihre Kinder haben. Wenn sie keine Erwartungen hätten, würden sie ihnen auch nichts zutrauen. Doch wenn wir die Erwartungen der Eltern zu sehr übernehmen, dann werden sie zu inneren Ansprüchen an uns selbst. Und dann überfordern sie uns oft genug. Manche Menschen erzählen mir, dass sie als Kind immer mit der Erwartung konfrontiert waren, etwas zu leisten. Wenn sie spielen wollten, sagten die Eltern: »Es gibt Wichtigeres zu tun. Kehre erst einmal den Hof!« Oder: »Bring dein Zimmer erst in Ordnung, dann kannst du spielen.« Solche Menschen haben dann als Erwachsene an sich den Anspruch, dass sie immer etwas tun müssen, dass immer etwas dabei herauskommen muss bei dem, was sie tun. Spielen oder einfach mal dasitzen, das empfinden sie als Zeitverschwendung. Alles muss etwas bringen. So können sie nie eine Stunde für sich sein und diese freie Zeit genießen.

Daniel Hell, ein Schweizer Psychiater, Spezialist für die Behandlung von Depressionen, meint, dass diese zu hohen Ansprüche an uns selbst oft zur Depression führen. Die Depression ist für ihn oft ein Hilfeschrei der Seele. Die Seele kennt ihr Maß. Wenn wir mit unseren Ansprüchen an uns selbst dieses Maß überschreiten, dann rebelliert sie dagegen. Wir sollten dankbar sein, wenn sich unsere Seele regt, auch wenn sie sich in der Depression regt. Dann ist die Depression eine Einladung, uns von unseren übertriebenen Ansprüchen an uns selbst zu verabschieden. Wir müssen nicht immer perfekt sein oder erfolgreich oder brav und angepasst oder cool und voller Selbstvertrauen. Wir dürfen sein, wie wir sind. Wenn wir uns erlauben, wir selbst zu sein, dann sind wir im Einklang mit uns, dann werden wir zufrieden mit unserem Leben.

Das Anspruchsdenken erlebe ich gerade auch bei spirituellen Menschen. Sie haben den Anspruch, dass sie immer eine gute Beziehung zu Gott haben, dass sie sich immer bei Gott geborgen fühlen. Und dann sind sie unzufrieden, weil sie Gott nicht als Du erfahren oder spüren. Sie hatten einmal eine gute Gottesbeziehung. Sie konnten alle ihre Probleme mit ihm besprechen. Aber jetzt geht es nicht mehr. Sie fühlen oft eine innere Leere, wenn sie sich zur Meditation setzen oder wenn sie anfangen zu beten. Zufrieden zu sein heißt nicht, dass ich nicht weitergehe auf meinem spirituellen Weg. Aber zunächst muss ich einmal damit zufrieden sein, dass ich Gott jetzt nicht spüre, dass ich nicht die jugendliche Begeisterung von vor zwanzig oder fünfzig Jahren in mir spüre, sondern dass sich meine Gottesbeziehung verwandelt hat. Sie ist nüchterner geworden. Aber in dieser Nüchternheit steckt auch eine Chance. Ich benutze Gott nicht mehr als den, der mir schöne Gefühle schenkt. Ich öffne mich Gott und gehe vor ihm meinen Weg, mit den Gefühlen, die ich gerade habe, auch wenn diese Gefühle momentan nicht sehr tief sind. Ich halte an Gott fest. Ich nehme mir die Zeit zu beten und zu meditieren. Aber ich erwarte nicht, dass ich bei jeder Gebetszeit euphorische Gefühle spüre. Ich gebe mich zufrieden mit dem, was gerade ist. Wenn ich Leere spüre, dann spüre ich Leere. Wenn ich Gottes Nähe spüre, dann bin ich dankbar.

Auch in der geistlichen Begleitung erlebe ich immer wieder Menschen, die ständig Forderungen an sich haben: Eigentlich müsste ich spiritueller sein, eigentlich müsste ich mit Gott allein leben können. Aber ich spüre in mir auch weltliche Bedürfnisse. Ich müsste konzentrierter beim Beten sein, konsequenter meditieren, noch mehr für andere beten. Sie verwechseln geistliches Leben mit Leistungsdenken und haben hohe Ansprüche an sich. Ein Priester, der mir einmal von seinen eigenen spirituellen Forderungen an sich selbst erzählte, erkannte dann im Gespräch: Eigentlich sollte ich zufriedener sein mit meinem geistlichen Leben. Ich bin weiterhin auf der Suche. Ich bleibe nicht stehen. Das ist auch schon etwas. Ich muss mein geistliches Leben nicht an den tiefen Erfahrungen messen, von denen andere erzählen. Es ist gut, dass ich auf dem Weg zu Gott bleibe, dass ich nicht stehen bleibe.

Die Unzufriedenheit mit dem geistlichen Leben wird oft auch zu einer Unzufriedenheit mit Gott: Ich habe so oft gebetet, dass Gott mir helfen, dass Gott mir die Angst nehmen, die Krankheit heilen soll. Aber es ist nichts geschehen. Viele Menschen haben Ansprüche an Gott, als ob er auf jede Bitte hin sofort eingreifen müsste. Sie sind mit Gott nur zufrieden, wenn er ihre Wünsche erfüllt. Dahinter steht ein eigenartiges Gottesbild: Er soll der liebende Vater sein, der immer das tut, was mir guttut. Doch mit diesem Gottesbild ziehe ich ihn auf mein menschliches Niveau herunter. Gott ist jenseits aller Bilder, er ist das absolute Geheimnis, vor dem ich in Ehrfurcht stehe. Nur wenn ich mich diesem unbegreiflichen Gott öffne, kann ich Ja sagen zu ihm, höre ich auf, meine Ansprüche an ihn zu stellen.

Zufriedenheit kommt für mich aus der Vaterunser-Bitte: »Dein Wille geschehe!« Für viele ist diese Bitte eine Überforderung. Sie denken sofort daran, dass Gottes Wille ihre eigenen Lebenspläne durchkreuzt. Oder sie können diese Bitte nicht mehr aussprechen, wenn ein lieber Mensch gestorben ist, um deren Gesundheit sie so sehr gebetet haben. Für mich bedeutet sie Folgendes: Ich möchte natürlich, dass ich lange gesund bleibe, dass ich noch viel arbeiten und Schönes erleben kann. Aber ich weiß: Ich kann weder meine Gesundheit garantieren, noch kann ich aus eigener Kraft erreichen, dass mein geistliches Leben immer lebendig ist und mir immer gute Gefühle beschert. »Dein Wille geschehe« heißt für mich: Ich bin einverstanden mit dem, was mir Gott zutraut und zumutet. Ich freue mich an meiner Gesundheit. Aber ich vertraue auch darauf, dass ich nicht aus dem inneren Frieden herausfalle, wenn ich krank werde. Auch darin kann Gottes Wille mir begegnen und mich herausfordern, innerlich zu wachsen, mich zu fragen, woher ich mich definiere: nur von meiner Gesundheit und Kraft oder aus meiner Beziehung zu Gott.

Wenn ich vor einem Vortrag bete »Dein Wille geschehe«, dann möchte ich natürlich, dass ich die Menschen mit meinen Worten in ihrem Herzen berühre. Aber ich überlasse es Gott, was er mit meinen Worten macht. Es kommt nicht darauf an, dass ich vor den Menschen glänze, sondern dass Gott ihre Herzen berührt. Ich bin dankbar, wenn ein Gespräch gelingt, wenn ich mich in einer Begegnung beschenkt fühle. Aber wenn ich nach einem Gespräch kein gutes Gefühl habe, wenn ich den anderen nicht erreicht habe, dann sage ich auch: »Dein Wille geschehe!« Es darf sein, dass ein Gespräch nicht optimal verläuft. Es kommt nicht darauf an, dass ich aus dem Gespräch herausgehe als einer, der bewundert wird. Es geht vielmehr darum, dass Gott im Gesprächspartner etwas bewirkt. Ich bin dankbar, wenn die Menschen gerne meine Bücher lesen und sich davon berühren lassen. Aber es darf auch sein, dass ich mit einem mal keinen Erfolg habe. Es ist immer Gottes Wille, wenn ein Buch für den Leser oder die Leserin ein Segen wird. Ich kann das nicht selbst machen. Das Wissen um den Willen Gottes befreit mich daher von dem Leistungsdruck, die Menschen in ihrem Herzen immer bewegen zu müssen.

Ich kenne viele Menschen, die am Abend häufig unzufrieden sind. Sie denken: Hätte ich mich doch anders entschieden. Wäre ich doch im Gespräch mit meinem Sohn, mit meiner Tochter freundlicher, achtsamer, klüger gewesen. Vor lauter »hätte« und »wäre« kommen sie nicht zur Ruhe. Und sie bleiben dabei stehen, das, was sie getan und erlebt haben, zu bewerten – meisten mit: »nicht gut genug«. Es hätte viel besser sein können. Sie haben den Anspruch, in jedem Gespräch ganz präsent zu sein, sich ganz auf den anderen einzulassen. Aber das Leben ist eben oft nicht so. Zufriedenheit heißt für mich: Ich kann akzeptieren, was war. Aber zugleich halte ich das, was war, Gott hin. Und ich vertraue darauf, dass er das Vergangene, auch wenn es nicht optimal war, in Segen verwandelt.

Wenn ich darüber nachdenke, warum manche so oft unzufrieden sind mit dem vergangenen Tag, dann erkenne ich: Es ist das eigene Ego. Ich möchte gut abschneiden. Ich möchte, dass der Gesprächspartner mit mir zufrieden ist, dass er mich lobt als kompetenten Seelsorger. Ich möchte, dass die anderen meine Leistung honorieren. Ich möchte vor allen Menschen gut dastehen. Es geht also um mein Ego, das den Anspruch hat, immer und überall beliebt zu sein, anerkannt und bewundert zu werden. Zufrieden zu sein bedeutet, Abschied zu nehmen von dem Anspruch des Egos.

Jesus stellt an die, die ihm folgen wollen, die Forderung: »Wer mein Jünger sein will, der verleugne sich selbst, nehme sein Kreuz auf sich und folge mir nach« (Markus 8,34). Er fordert uns nicht auf, uns zu verbiegen oder alle Wünsche zu verneinen. Es geht ihm vielmehr darum, dass wir Abstand zum eigenen Ego gewinnen. Wir können das Ego nicht töten, denn wir brauchen es auch, um in unserem Leben zu bestehen. Aber das Ego hat die Tendenz, sich immer in den Mittelpunkt zu stellen und übertriebene Ansprüche an das Leben zu haben. Davon brauchen wir inneren Abstand. Das griechische Wort »aparneistai« heißt übrsetzt: »abschlagen, verneinen, verweigern, ablehnen«. Ich lehne den Anspruch meines Egos ab, immer im Mittelpunkt zu stehen, alles auf sich zu beziehen, sich mit zu großen Vorstellungen von mir selbst aufzublähen. Ich verweigere ihm die Zustimmung, wenn es sich vordrängt und immer nur um sich kreist. Ich stelle mich gegen das Ego, das überall nur nach Anerkennung und Bestätigung sucht. Indem ich mich dagegenstelle, werde ich frei für mein wahres Selbst, finde ich den Weg am Ego vorbei in meine eigene Mitte.

Das Anspruchsdenken richtet sich oft genug auch auf unsere Mitmenschen. Wir sind unzufrieden mit unseren Mitarbeitern im Unternehmen. Sie müssten besser sein und mehr leisten. Doch wenn der Chef mit seinen Mitarbeitern unzufrieden ist, wird er das Arbeitsklima nicht verbessern. Sobald er spricht, wird der vorwurfsvolle Ton deutlich. Doch eine Sprache voller Vorwürfe schafft nur ein schlechtes Gewissen bei den Mitarbeitern. Ein schlechtes Gewissen motiviert jedoch nicht, etwas zu ändern oder sich zu wandeln. Es lähmt vielmehr und es nimmt einem die Lust, an sich zu arbeiten und für das Unternehmen zu arbeiten. Ich erlebe oft Mitarbeiter, die nicht gern zur Arbeit gehen, weil sie unter der Unzufriedenheit ihres Chefs leiden. Die Lustlosigkeit der Mitarbeiter wirkt sich dann letztlich auch negativ auf das Betriebsergebnis aus. Und das führt dann zu noch größerer Unzufriedenheit des Chefs. Es ist ein Teufelskreis, aus dem man nur herauskommen kann, wenn der Chef bereit ist, seine Mitarbeiter anzunehmen, wie sie sind, und mit ihnen zu arbeiten. Ich kann nur auf eine Verbesserung des Betriebsklimas und des wirtschaftlichen Ergebnisses hoffen, wenn ich meine Mitarbeiter mag und gerne mit ihnen zusammenarbeite. Dann lassen sie sich auch herausfordern, immer besser zu werden.

Viele sind auch unzufrieden mit ihrem Ehepartner. Je näher wir zusammenleben, desto mehr lernen wir uns kennen. Und da begegnen uns eben auch die Schwächen und Fehler des anderen. Wenn man nun den Anspruch hat, dass der Partner perfekt sein muss, dann ist man ständig unzufrieden mit ihm. Man regt sich über seine Art auf, die Zähne zu putzen, über seine Unpünktlichkeit, seine Schlamperei mit seinen Kleidern. Doch je unzufriedener man mit seinem Partner ist, desto mehr wird er sich auf sich selbst zurückziehen. Er hat das Gefühl, dass er den anderen nie zufriedenstellen kann. Daher gibt er es auch auf, an sich zu arbeiten.

Häufig sind Eltern nicht zufrieden mit ihren Kindern. Sie stacheln sie an, sie müssten in der Schule besser sein, sie sollten über die Schule hinaus noch Kurse belegen in der Musikschule oder beim Reiten oder beim Ballett. Sie stülpen ihren eigenen Ehrgeiz den Kindern über. Doch da diese ihrem eigenen Ehrgeiz und ihren Wünschen nicht entsprechen, sind sie ständig unzufrieden mit ihnen. Unzufriedenheit ist Gift für die Entwicklung der Kinder. Sie fühlen sich nur bedingt geliebt, das heißt, nur, wenn sie die Erwartungen der Eltern erfüllen. In manchen Fällen entwickeln sie Strategien, durch Leistung oder Anpassung diese Liebe zu bekommen. Doch das verbiegt sie. Sie kommen nicht in ihre Kraft und wachsen nicht in die einmalige Gestalt hinein, die Gott ihnen geschenkt hat.

Seit siebenundzwanzig Jahren begleite ich nun Priester und Ordensleute im Recollectio-Haus. Dabei erlebe ich immer wieder, dass Priester unzufrieden sind mit ihrer Gemeinde. Wenn der Pfarrer unzufrieden ist mit seiner Gemeinde, wird er nicht viel in ihr bewirken können. Die Gemeinde spürt seine Unzufriedenheit. Sie arbeitet dann nicht gerne mit ihm zusammen. Nur wenn der Pfarrer seine Gemeinde liebt, hat er eine Chance, in ihr etwas zu bewirken. Umgekehrt sind oft Gemeindemitglieder unzufrieden mit ihrem Pfarrer. Das hat sicher oft berechtigte Gründe. Vielleicht hat er manche Eigenarten, die der Gemeinde nicht guttun. Aber ich kenne auch Gemeinden, die mit keinem Pfarrer zufrieden sind. Sie haben so hohe Ansprüche, dass niemand sie erfüllen kann. Einer Gemeinde verweigerte der Bischof einen neuen Pfarrer, weil sie jeden der Vorgänger nach zwei Jahren aufgerieben hat. Sie hatte so hohe Erwartungen, dass nur ein Übermensch ihnen gerecht werden würde. Aber es gibt eben keine perfekten Pfarrer, sondern nur Menschen. Wenn die Gemeinde den Pfarrer als Mensch akzeptiert, dann bietet sie ihm auch die Möglichkeit, sich zu wandeln und mit ihr gut zusammenzuarbeiten.

Wenn wir nach dem Grund für die Unzufriedenheit mit anderen Menschen – in der Familie, im Unternehmen, in der Kirche – fragen, dann sind es nicht nur die zu hohen Ansprüche an die anderen. Oft ist es die Unzufriedenheit mit sich selbst, die das Problem darstellt. Man projiziert dann die eigene Unzufriedenheit auf die anderen und erwartet sich von ihnen, dass es einem selbst gut geht. Damit macht man sein Wohlbefinden vom Verhalten der anderen abhängig. Doch dann wird man nie inneren Frieden finden, weil er von äußeren Dingen oder von anderen Menschen abhängig bleibt. Es gilt aber, den Frieden in sich selbst zu finden. Dann bin ich auch zufrieden mit den Menschen. Ich rege mich in diesem Fall nicht über alles auf. Ich nehme wahr, wie die Menschen sind. Aber ich erlaube ihnen auch, dass sie so sind, wie sie sind. Natürlich ist es gut, in der Partnerschaft den anderen herauszufordern, dass er an sich arbeitet und sich etwas in ihm wandelt. Aber das wird nur geschehen, wenn ich ihn angenommen habe. Denn verwandelt werden kann nur das, was angenommen wird. Das ist ein Grundsatz der Theologie: Weil Gott ganz Mensch geworden ist, wurde der Mensch verwandelt, vergöttlicht. Dieser Grundsatz gilt aber genauso für die Psychologie: Nur das, was ich an mir annehme, kann verwandelt werden. Was ich an mir ablehne, das bleibt an mir hängen. Dagegen wird der Mensch, den ich so annehme, wie er ist, fähig, sich zu wandeln. Wenn er spürt, dass ich mit ihm unzufrieden bin, wird er sich wehren. Er wird nach immer neuen Gründen suchen, dass er im Recht ist und ich im Unrecht. Vielleicht wird er auch versuchen, an sich zu arbeiten. Aber dann spürt er, dass er mich nie zufriedenstellen kann. Und so wird sich bei ihm auch nicht viel ändern. Denn in einem Klima der Unzufriedenheit gelingt die Verwandlung nicht.

Satte Zufriedenheit und wahre Ruhe

Es gibt auch eine negative Form von Zufriedenheit. Sie trifft auf Menschen zu, die sich nur mit dem Vordergründigen zufriedengeben. Sie leben einfach in den Tag hinein. Damit sind sie zufrieden. Es ist eine satte Zufriedenheit, von der Art, wie Menschen nach einem ausgiebigen Mittagessen satt und zufrieden sind und jetzt am liebsten ihre Ruhe haben wollen. Es ist eine schläfrige Zufriedenheit. Man möchte nicht gestört werden. Man möchte sein Wohlgefühl festhalten. Alle Menschen, die einen infrage stellen, werden als Ruhestörer empfunden. Man ist auch nicht offen für andere, für Gäste oder Fremde. Man möchte unter sich sein und seine alten Gewohnheiten und seine alte Umgebung zementieren. Es war schon immer so. So ist es gut. So ist man es gewohnt. Alles andere stört nur.

Diese satte Zufriedenheit hat nichts mit wahrer innerer Ruhe zu tun. Sie lässt sich im Gegensatz sehr leicht aus der Ruhe bringen. Sie ist verschlossen gegen alles, was sie infrage stellen könnte. Und sie ist unbeweglich. Da ist keine innere Bewegung zu erkennen. Alles erstarrt. Diese Erstarrung verwechselt man dann mit Zufriedenheit. In Wirklichkeit ist es ein Festschreiben der Vergangenheit, die man nicht stören lassen möchte. Denn alles, was stört, ist eine Anfrage an das eigene Leben. Stimmt es noch? Oder lebe ich an der Wahrheit und an der Realität vorbei? Solche Fragen wehrt man dann sehr aggressiv ab.

Herbert Marcuse, ein deutsch-amerikanischer Philosoph und Politologe, meint, dass diese satte Zufriedenheit sich gerade in »Komfort, Geschäft und beruflicher Sicherheit« ausdrückt (Marcuse, 254). Man richtet sich darin ein. Marcuse nennt diese Formen Beispiele einer »versklavenden Zufriedenheit« (Marcuse, 254). Es gibt also nicht nur die dankbare Zufriedenheit, sondern auch die versklavende Zufriedenheit. Sie darf von niemandem gestört werden. Der Staat, der meine berufliche Sicherheit nicht mehr garantiert, wird dann zum Störenfried. Alles, was meinen Komfort beeinträchtigen könnte, zerstört meine Zufriedenheit. Die satte Zufriedenheit versklavt uns und sie macht uns aggressiv gegen alle, die diese satte Zufriedenheit infrage stellen könnten.

Gegenüber dieser satten Zufriedenheit laden uns die Weisen dieser Welt zur dankbaren Zufriedenheit ein. Diese wird zum Schlüssel, der uns die Tür zum Glück aufschließt. Theodor Fontane sagt von dieser guten Zufriedenheit: »Es gibt nur ein Mittel, sich wohlzufühlen: Man muss lernen, mit dem Gegebenen zufrieden zu sein und nicht immer das verlangen, was gerade fehlt.« Zufriedenheit kann also erlernt werden. Zum Beispiel dadurch, dass wir versuchen, mit dem Gegebenen zufrieden zu sein. Das ist nicht immer einfach. Denn es gibt in uns die Tendenz, immer gerade nach dem zu verlangen, was uns fehlt. Wenn wir diese Tendenz in uns wahrnehmen, gilt es, immer wieder zu sagen: Ich denke nicht an das, was ich nicht habe. Ich danke für das, was ich habe und was ich bin. Mit dem Gegebenen zufrieden sein bedeutet nicht Resignation oder Stillstand. Die dankbare Zufriedenheit ist durchaus offen für das Neue, das sie auch dankbar annimmt. Aber sie ist vor allem dankbar für das, was ist. Und das schenkt ihr inneren Frieden. Aus diesem Frieden heraus kann dann Neues entstehen. Wenn einer aus einer inneren Unzufriedenheit heraus immer Neues will, so wird ihn letztlich nichts zufriedenstellen. Alles Neue ist nur für kurze Zeit gut. Das zeigt sich etwa im Kaufrausch mancher Menschen. Sobald sie etwas erstanden haben, steht oder liegt es nur noch herum. Sie erfreuen sich nicht mehr an dem, was sie gekauft haben. Der Unzufriedene kann noch so viel kaufen und noch so viel Neues erleben, er wird sich letztlich nie zufriedengeben.

Der protestantische Dichter Paul Gerhardt sagt in einem seiner Gedichte: »Gib dich zufrieden und sei stille.« Die innere Zufriedenheit führt zur inneren Ruhe und zur Stille. Wie wir diese innere Ruhe finden können, zeigt uns Jesus, wenn er sagt: »Lernt von mir, denn ich bin gütig und von Herzen demütig; so werdet ihr Ruhe finden für eure Seele« (Matthäus 11,29). Wir werden innerlich nur ruhig, wenn wir von Jesus diese beiden Haltungen lernen: Güte und Demut. Das griechische Wort »prays«, das hier im griechischen Text der Bibel steht, kann man mit »Güte« oder mit »Sanftmut« übersetzen. Nur wenn wir gütig sind all den inneren Regungen unserer Seele gegenüber, werden wir Ruhe finden. Wenn wir alles Unangenehme, das etwa in der Begegnung mit Fremden in uns auftaucht, abwehren, werden wir nie zur Ruhe gelangen. Dann wird die satte Zufriedenheit immer nur durch eine Abwehr von allem Neuen erkauft. Wenn wir jedoch mit einem gütigen Blick auf das schauen, was in uns auftaucht an Bedürfnissen, an Emotionen, an inneren Reaktionen unserer Seele, dann finden wir Ruhe. Wenn wir »prays« mit »Sanftmut« übersetzen, dann erkennen wir noch einen anderen Aspekt der inneren Zufriedenheit: »Sanft« ist verwandt mit dem Wort »sammeln«. Sanftmut ist also der Mut, alles, was in uns ist, zu sammeln. Alles gehört zu uns. Ich kenne viele Menschen, die in sich gespalten sind. Sie leben nach außen nur ihre korrekte Seite, ihre fromme Seite oder ihre selbstbeherrschte Seite. Alles andere spalten sie ab. Aber dann ist keine wirkliche Begegnung mit solchen Menschen möglich. Und sie strahlen keine Ruhe aus. Man merkt, dass ihre äußere Ruhe durch Verdrängung erreicht wird. Aber es ist keine wirkliche Ruhe. Und es strömt nichts zwischen uns. Denn alles, was sie von sich abgespalten haben, fehlt ihnen in der Begegnung. Wenn jemand sein Gefühl abspaltet und uns nur mit seinem Verstand gegenübertritt, dann begegnen wir seinem Kopf, aber nicht dem ganzen Menschen. Eine solche innere Spaltung führt zudem nicht zu einer ruhigen Ausstrahlung. Wir spüren, dass hinter der rationalen Fassade ein Vulkan brodelt. Nur die Sanftmut als Mut, alles in uns zu sammeln, führt uns zur inneren Ruhe. Wenn wir vor nichts in uns Angst haben, sondern alles liebevoll in uns sammeln, dann kann kein Vulkan entstehen, der einmal explodieren könnte.

Die andere Haltung, die wir von Jesus lernen können, ist die Demut. Demut als »humilitas« ist der Mut, hinabzusteigen in die eigene Wirklichkeit, hinabzusteigen in den eigenen Schatten, in dem all die verdrängten Emotionen und Leidenschaften in uns liegen. Wenn wir vieles im Schatten lassen, dann rumort es in uns. Wir finden keine wirkliche Ruhe. Wir haben ständig Angst, dass da die verdrängte Aggression oder die unterdrückte Sexualität doch aufbrechen und uns überschwemmen könnte. Wir fliehen vor der Stille, denn wir haben Angst, dass in der Stille all das Verdrängte hochkommen könnte, dass wir auf einmal erkennen, dass wir an uns und unserer Wahrheit vorbeileben. Nur wenn wir bereit sind, demütig unsere innere Wahrheit anzunehmen, werden wir Ruhe finden. Die Demut ist der Mut, alles, was wir in uns spüren, zu akzeptieren. Das befreit uns von illusionären Vorstellungen von uns selbst. Wir söhnen uns aus mit unserer Realität. Das schenkt uns wahre Ruhe. Und diese wahre Ruhe führt immer auch zu einer guten Zufriedenheit und Dankbarkeit, aber nie zu einer satten Zufriedenheit. Die satte Zufriedenheit kommt zustande, wenn wir alles, was uns beunruhigt, verdrängen oder abspalten. Hinter der satten Zufriedenheit steckt die Angst vor allem Beunruhigenden. Daher reagieren satte Zufriedene oft sehr aggressiv auf Menschen, die sie kritisieren oder infrage stellen.

Zufriedenheit will also gelernt sein. Davon kündet auch manches Sprichwort, zum Beispiel eines aus Friaul: »Das Haus der Zufriedenen ist noch nicht gebaut worden.« Es gilt, ein Haus zu bauen, in dem wir zufrieden sind. Aber das Sprichwort sagt, dass die meisten dieses Haus noch nicht erbaut haben. Sie wohnen lieber in Häusern der Unzufriedenheit. Doch es lohnt sich, dieses Haus der Zufriedenheit zu bauen. Denn, so sagt ein Sprichwort aus Frankreich: »Zufriedenheit ist wertvoller als Reichtum.« Das Haus der Zufriedenheit zu bauen, ist wertvoller, als eine große Villa zu bauen mit vielen Räumen, die aber voller Unzufriedenheit sind. Wenn wir mit Reichtum unsere innere Leere zudecken wollen, wird er uns nicht zur Ruhe führen. Jesus lenkt unseren Blick auf den inneren Reichtum unserer Seele, auf den Schatz im Acker, auf die kostbare Perle in uns. Wenn wir sie finden, dann finden wir Ruhe, dann sind wir zufrieden.

Er zeigt uns auch einen Weg zur wahren Zufriedenheit: »Häuft euch nicht Schätze hier auf der Erde, wo Motte und Wurm sie zerstören und wo Diebe einbrechen und stehlen, sondern sammelt euch Schätze im Himmel, wo weder Motte noch Wurm sie zerstören und keine Diebe einbrechen und sie stehlen. Denn wo dein Schatz ist, da ist auch dein Herz« (Matthäus 6,19–21).

Jesus denkt hier an drei verschiedene Schätze: an kostbare Kleider, die durch Motten zerfressen werden, an kostbare Truhen und Schränke, die durch den Holzwurm zerstört werden, und an Schätze, die man entweder im Haus oder in der Erde vergraben hat. Diebe können in das Haus einbrechen oder sie können die Stelle finden, an der der Schatz vergraben ist, und ihn ausgraben. Unser Besitz ist also nie sicher. Viele Reiche leben ständig in der Angst, dass man ihnen das, was sie besitzen, raubt oder dass es zerstört wird.

Wahre Ruhe und Zufriedenheit finden wir nur, wenn wir »Schätze im Himmel« ansammeln. Das können Almosen sein, die man anderen gibt. Aber auch das Gebet und das Fasten bringen uns in Berührung mit dem inneren Reichtum, mit dem unverfälschten und ursprünglichen Bild, das Gott sich von uns gemacht hat. Wenn wir mit diesem Bild in Berührung sind, dann sind wir im Einklang mit uns selbst. Dann finden wir wahre Ruhe.

Der zufriedene Mensch

Von einem zufriedenen Menschen geht etwas Angenehmes aus. Überall, wo er auftaucht, verbreitet er eine angenehme Atmosphäre. Ob ein Mensch zufrieden ist, das zeigt sich in vielen Bereichen. Ich möchte nur einige ansprechen.

Manchmal halte ich Kurse für Mitarbeiter einer Hotelkette. Es sind sehr zufriedene Menschen, die gerne ihre Arbeit tun. Sie erzählen mir von den verschiedenen Typen von Gästen. Da gibt es solche, die sich freuen, freundlich empfangen und in ein schönes, angenehmes Zimmer geführt zu werden. Sie sind zufrieden mit dem Service und freuen sich über die Möglichkeiten, die ihnen dieses Hotel anbietet. Und da gibt es andere, die mit allem unzufrieden sind. Da fehlt irgendetwas im Zimmer. Oder es ist entweder zu klein oder zu groß. Oder an der Ausstattung fehlt etwas. Die Handtücher sind zu klein oder es sind zu wenige. Das Bett ist zu weich oder zu hart. Es gibt Gäste, die mit nichts zufrieden sind. Benjamin Franklin sagt von ihnen: »Der unzufriedene Mensch findet keinen bequemen Stuhl.« Er hat an jedem etwas auszusetzen. Er kann sich nicht voll Vertrauen auf dem Sessel niederlassen und sich ausruhen. Er findet immer etwas, was nicht passt.

Die Mitarbeiter im Hotel lernen die Menschen kennen in ihrer Reaktion auf das, was ihnen angeboten wird. Solche, die zufrieden sind mit dem, was angeboten wird, sind angenehm. Mit ihnen zusammenzuarbeiten macht Spaß. Und man macht ihnen gerne eine Freude. Bei den unzufriedenen Menschen kann man machen, was man will, sie sind nie zufrieden. Und irgendwann nervt das dann die Angestellten. Sie spüren, dass in der Unzufriedenheit mit dem Service etwas ganz anderes steckt: die Unzufriedenheit mit sich selbst, die Unzufriedenheit mit dem eigenen Leben.

Der zufriedene Gast vergleicht nicht das eine Hotel mit dem anderen. Er lässt sich auf das ein, was dieses Hotel ihm anbietet. Und er wohnt gerne darin. Er nimmt die freundliche Atmosphäre wahr und dankt für die Aufmerksamkeit, die ihm die Angestellten entgegenbringen. Und so entsteht auf einmal Vertrautheit. Man fühlt sich wohl. Der zufriedene Mensch, der mit dem Angebotenen zufrieden ist, wird viel mehr beschenkt als der unzufriedene. Er wird beschenkt durch ein freundliches Wort, durch die Aufmerksamkeit der Angestellten, durch Beziehungen und Freundschaften, die entstehen. Der unzufriedene Mensch bleibt allein. Er findet keinen Anschluss. Und dieses Ausgeschlossensein vom Leben macht ihn noch unzufriedener.

Auch Verkäufer lernen verschiedene Arten von Menschen kennen. Die einen können sich nie entscheiden. Sie suchen etwas, was es gar nicht gibt. Und alles, was das Kaufhaus anzubieten hat, ist nicht gut genug. Diese Unzufriedenheit mit allem, was angeboten wird, macht die Verkäufer und Verkäuferinnen oft hilflos und ratlos. Sie haben den Eindruck, sie könnten dem Kunden alles bieten. Es ist nie gut genug. Dagegen stehen die anderen Kunden, die sich die angebotenen Kleider anschauen und sich freuen, dass sie etwas gefunden haben, was genau zu ihnen passt. Diese Kunden bedient man gerne. Dann entsteht ein gutes Gespräch. Und der Kunde hat das Gefühl, dass er sich richtig entschieden hat. Er geht zufrieden mit dem, was er gekauft hat, nach Hause. Der unzufriedene Kunde hat sich irgendwann einmal entschieden. Aber dann kommt er nach zwei Tagen wieder und gibt die Ware zurück. Er hat doch etwas daran gefunden, was ihn nicht zufriedenstellt. Solche Kunden sind der Alptraum aller Verkäufer und Verkäuferinnen. Wenn ich Kurse für Verkäufer gebe, dann erlebe ich in den Gesprächen, dass sie viel Menschenkenntnis in ihrem Beruf erwerben. Sie können am Kaufverhalten ablesen, wie es in der Seele eines Menschen aussieht, ob jemand im Einklang ist mit sich selbst oder innerlich zerrissen. Sie spüren, wie der Mensch auch sonst im Leben ist. Das Verhalten beim Kauf offenbart viel über die Seele des Menschen.

Da gibt es Menschen, die immer das absolut Richtige wollen. Es gibt aber nicht das absolut Richtige. Solche Menschen jagen einer Illusion nach. Daher sind sie nie zufrieden. Zufriedene Menschen wissen darum, dass es nicht das absolut Richtige und Gute gibt. Sie schauen die einzelnen Kleider an, die ihnen angeboten werden. Und sie trauen ihrem Bauchgefühl. Dann entscheiden sie sich und sind zufrieden mit ihrer Wahl. Sie grübeln nicht mehr weiter darüber nach, ob es irgendwo noch einen billigeren oder schöneren Pullover gibt. Sie freuen sich an dem, den sie gekauft haben. In ihrer Zufriedenheit kommt etwas Wesentliches zum Vorschein: dass der Mensch begrenzt ist und dass auch das, was wir kaufen, immer begrenzt ist. Es wird nie unsere tiefste Sehnsucht befriedigen. Aber wenn wir zufrieden sind mit dem, was wir gekauft haben, dann freuen wir uns daran. Dann erleben wir uns anders. Der Unzufriedene zweifelt nicht nur an dem Pullover, den er gekauft hat, sondern letztlich auch an sich selbst. Er ist sich nicht sicher, was ihm wirklich steht. Er ist sich nicht sicher, was er eigentlich will.

Der Unzufriedene hat an allem etwas auszusetzen. Wenn er in ein Restaurant kommt, kann er sich zuerst nicht entscheiden, was er essen soll. Er kritisiert die Speisekarte, die zu wenig vegetarische Gerichte hat oder zu wenig Auswahl an Fisch- oder Fleischgerichten. Dann entscheidet er sich endlich. Und wenn das Gericht dann kommt, hat er etwas daran auszusetzen. Es ist entweder zu heiß oder zu kalt, zu scharf oder zu wenig gewürzt. Er kann das Essen nicht genießen, weil er immer etwas sucht, mit dem er unzufrieden ist. Der zufriedene Gast dagegen lässt sich auf das Essen ein, so, wie es ist. Er schmeckt ganz langsam, was er in den Mund nimmt. Und er genießt das Essen. Er vergleicht es nicht mit anderen Gerichten oder mit anderen Gaststätten, in denen er schon war.

Er lässt sich jetzt ein auf das, was ihm dieses Restaurant zu bieten hat.

Die Zufriedenheit eines Menschen zeigt sich auch in der Art und Weise, wie er seinen Urlaub erlebt. Da gibt es Touristen, die nie zufrieden sind, ob mit der Unterkunft oder beim Wandern, weil die Wege nicht gut genug ausgeschildert sind. Dann sind sie unzufrieden mit dem Wetter. Entweder ist es zu heiß oder zu kalt. Oder es regnet zu viel. Meine Schwester hat eine Zeitlang in einem Reisebüro gearbeitet. Da hat sie ständig Menschen erlebt, die sich beschwert haben. Manchmal war die Beschwerde natürlich berechtigt, weil das Angebot nicht das gehalten hat, was es versprochen hatte. Aber die Angestellten im Reisebüro waren oft genervt von denen, die mit nichts zufrieden waren. Diese Art von Kunden haben sie dann gerne an meine Schwester weitergegeben, weil die am besten mit ihnen umgehen konnte. Sie hat einfach ein Gespräch mit ihnen angefangen. Dann kamen oft ganz andere Dinge zum Vorschein und es war nicht mehr so wichtig, wie das Hotel war, sondern dass ihnen jemand zuhörte und sie ihr Herz jemandem ausschütten konnten, der innere Zufriedenheit ausstrahlte. Das hat sie dann meistens beruhigt.

Der zufriedene Mensch reagiert auf das, was ihm vorgegeben ist. Er macht das Beste daraus. Er kann auch dem Wandern im Regen etwas Gutes abgewinnen. Im Regen zu gehen hat seine eigene Qualität. Die satte Zufriedenheit dagegen zeigt sich im Urlaub zum Beispiel darin, dass man das Gleiche isst wie daheim und dass man die gleichen Bedingungen an Komfort verlangt wie zu Hause. Man lässt sich nicht auf das Fremde ein. Die satte Zufriedenheit engt ein, die gute Zufriedenheit weitet das Herz und öffnet es für alles Neue und Fremde, das ich als Tourist in dem Land erfahren darf, in dem ich Urlaub mache.

Der zufriedene Mensch zeigt sich auch in der Arbeit. Ich erlebe immer wieder Menschen, die es an keiner Arbeitsstelle aushalten. Sie kündigen, weil das Arbeitsklima nicht gut ist. Das ist oft genug sicher der Fall. Wenn ich es in einem Unternehmen nicht aushalte, weil ich dort krank werden würde, dann ist die Kündigung der angemessene Schritt. Aber ich erlebe auch Menschen, die anfangs schwärmen von der neuen Arbeitsstelle und von den neuen Mitarbeitern, die sie dort angetroffen haben. Doch schon nach kurzer Zeit sind auch diese borniert, gehässig, engstirnig. Sie fühlen sich von ihnen nicht angenommen, ja sogar gemobbt. Und so erleben unzufriedene Menschen in ihrer neuen Umgebung immer die gleiche Situation: Sie fühlen sich nicht verstanden. Das Betriebsklima ist unmöglich. Eine Kollegin erleben sie als feindselig oder falsch. Der zufriedene Mensch urteilt nicht so schnell. Er sieht sich erst einmal um und versucht, die Menschen, mit denen er arbeitet, anzunehmen und mit ihnen zurechtzukommen. Nur wenn das wirklich nicht gelingt, kann man überlegen, ob man hier gut weiterarbeiten kann. Doch unzufriedene Menschen finden nie die Arbeitsstelle, an der sie glücklich arbeiten können.

Was für andere Bereiche gilt, trifft auch auf unsere Erfahrungen in der Familie, in der Gemeinschaft, in der wir leben, und auf die Kirche zu. Eine Mutter erzählte mir von ihrer Tochter, die mit ihrem Leben unzufrieden ist. Sie kritisiert ständig die Eltern. Sie seien schuld an ihrer Unzufriedenheit. Sie hätten sich zu wenig um sie gekümmert, sie zu wenig gefordert. Die Eltern sind letztlich schuld, dass sie ihre Schulausbildung abgebrochen hat. Sie hätten sie ermutigen sollen, weiterzumachen. Doch wenn die Eltern die Tochter gedrängt hätten, weiter auf die Schule zu gehen, obwohl sie keine Lust dazu hatte, dann wäre sie auch unzufrieden gewesen. Sie hätte den Eltern vorgeworfen, sie würden Druck auf sie ausüben, sie würden sie nur über die Leistung definieren. Mit unzufriedenen Menschen kann man reden, worüber man will. Man macht es immer verkehrt. Unzufriedene Menschen haben die Fähigkeit, uns ein schlechtes Gewissen zu machen, so wie diese Tochter ihren Eltern. Sie fragten sich, was sie alles falsch gemacht hatten, dass ihre Tochter so unzufrieden ist. Doch es hilft nicht, alle Schuld bei sich zu suchen. Die Tochter ist auch herausgefordert, sich der eigenen Unzufriedenheit zu stellen und nach den Ursachen zu fragen. Oft stehen hinter der Unzufriedenheit infantile Wünsche an das Leben. Man möchte immer versorgt sein, immer soll einem alles leichtfallen, alle Wünsche sollten erfüllt werden. Doch damit bleibe ich auf der Stufe eines Kindes stehen, das nur Wünsche an die Eltern hat, aber selbst keinen Schritt tut, um erwachsen zu werden.

Seit dreiundfünfzig Jahren lebe ich in einer klösterlichen Gemeinschaft. Auch da erlebe ich zufriedene und unzufriedene Mitbrüder. Natürlich kann man an der Gemeinschaft immer etwas aussetzen. Und die Gemeinschaft muss immer auch an sich arbeiten, damit sie nicht in satter Selbstzufriedenheit dahinlebt und sich dann wundert, dass niemand mehr eintreten will. Aber oft erwarten unzufriedene Mitbrüder von der Gemeinschaft etwas, was sie nur in sich selbst finden könnten. Die Gemeinschaft von Menschen wird immer mit den Schwächen und Fehlern ihrer Mitglieder konfrontiert sein. Sie kann nur versuchen, damit umzugehen. Und der Umgang wird nie ganz optimal sein. Zufriedene Mitbrüder arbeiten daran, um sich herum Frieden zu verbreiten. Sie reden nicht ständig über die anderen, die nicht so ideal leben. Unzufriedene Mitbrüder wissen immer, was schiefläuft in der Gemeinschaft. Sie sind fixiert auf die Fehler und Schwächen der Gemeinschaft und einzelner Mitbrüder. Auch da gilt es, sich von Idealbildern zu verabschieden und die Gemeinschaft so zu lieben, wie sie ist. Nur, was ich liebe, kann ich verwandeln. Was ich ablehne, das bleibt in seiner negativen Gestalt stecken.

Im Recollectio-Haus in unserer Abtei begleite ich viele Priester und Ordensleute und Männer und Frauen, die in der Kirche arbeiten. Auch da erlebe ich Zufriedenheit und Unzufriedenheit. Die Unzufriedenheit bezieht sich oft nicht nur auf den Priester, sondern allgemein auf den Gottesdienst. Den Gottesdienst feiert aber die ganze Gemeinde. Daher drückt sich in der Unzufriedenheit oft eine Übererwartung an die Gemeinde aus. Der zufriedene Christ geht in den Gottesdienst. Er ist dankbar für die Stille, in der er zur Ruhe kommt. Er ist dankbar für die Lieder, die sein Herz berühren. Und er ist dankbar für die Worte der Predigt, die ihn berühren. Manche überlegen sich bei der Predigt, was der Priester eigentlich sagen sollte. So überhören sie das, was er sagt. Manche haben anderswo einen schönen Gottesdienst erlebt. Und nun erwarten sie vom Gottesdienst in ihrer Gemeinde die gleiche Lebendigkeit. Andere sollen ihnen diese Lebendigkeit schenken. Doch wenn sie nicht in ihnen ist, warten sie vergebens darauf, dass andere sie ihnen vermitteln.

Bei meinen Vorträgen erlebe ich ebenfalls zufriedene und unzufriedene Menschen. Die einen sind dankbar für das, was ich sage. Sie lassen sich von meinen Worten berühren. Andere kommen nach dem Vortrag zu mir und sagen mir, was ich alles noch sagen hätte können. Ich hätte zu wenig über die Liebe gesprochen oder über die Vergebung. Sie bringen ihr Lieblingsthema zur Sprache, obwohl das gar nicht

Thema des Vortrags war. Ich versuche dann nur zuzuhören und mir zu überlegen, was jemanden antreibt, immer das zu betonen, was nicht gesagt worden ist. Da spüre ich oft die Unzufriedenheit heraus. Man ist nicht im Einklang mit sich selbst. Man erwartet vom anderen eine Bestätigung seiner eigenen Lieblingsideen. Wenn sie jedoch dann von Liebe oder Vergebung sprechen, merke ich, dass in ihren Worten weder von Liebe noch von Vergebung etwas zu spüren ist, sondern nur von Rechthaberei.

Ähnliche Erfahrungen mache ich, wenn nach dem Vortrag noch öffentlich Fragen gestellt werden können. Manche fragen sehr persönlich. Das beantworte ich gerne. Ich habe das Gefühl, dass sie mit ihrer Frage auch anderen helfen, das zur Sprache zu bringen, was viele bewegt. Andere aber fragen nicht, sondern halten selbst einen Vortrag. Sie bemängeln, was in meinem Vortrag alles gefehlt hat, um den Leuten zu zeigen, dass sie das eigentlich viel besser gekonnt hätten. In diesem Bestreben, sich selbst zu präsentieren, spüre ich ihre Unzufriedenheit. Anstatt sich berühren oder infrage stellen zu lassen, müssen sie ihre Unzufriedenheit vor der ganzen Vortragsgemeinde ausbreiten. Oft reagieren die Leute dann sehr ärgerlich auf solche Koreferenten. Sie spüren deren Unzufriedenheit und werden dann selbst unzufrieden.

In jeder Begegnung kann man letztlich spüren, ob Menschen zufrieden oder unzufrieden sind. Das erlebe ich vor allem in der geistlichen Begleitung. Ich bin immer dankbar, mit zufriedenen Menschen zu sprechen. Da gelingt das Gespräch. Und danach haben beide Gesprächspartner den Eindruck, dass sich neue Perspektiven eröffnen. Wenn der Gesprächspartner mit sich unzufrieden ist, höre ich erst genau hin und frage nach den Ursachen seiner Unzufriedenheit. Oft nennt er mir dann andere Menschen, die daran schuld sind, dass es ihm nicht gut geht. Dann frage ich weiter nach, was denn sein Anteil an der Unzufriedenheit ist. Manchmal gelingt es mir, seine Unzufriedenheit aufzulösen und in Dankbarkeit zu verwandeln. Dann bin ich selbst dankbar für das Gespräch und für die Verwandlung, die darin geschehen ist.

Aber manchmal spüre ich auch meine eigene Ohnmacht. Alles, was ich sage, wird dann abgewehrt. Auf alle Fragen, die ich stelle, bekomme ich die Antwort, ich würde ihn nicht verstehen, ich würde an seinem Problem vorbeireden. Alle Versuche, den anderen zu verstehen, schlagen fehl. Wenn ich auf eine Mauer der Unzufriedenheit stoße, spüre ich, dass in mir selbst Ärger hochsteigt. Und dann gebe ich es auf, weiter gegen die Mauer anzukämpfen. Ich überlasse den anderen seiner Unzufriedenheit. Doch ich gebe ihn nicht auf. Ich hoffe für ihn, dass er sich mit seiner eigenen Unzufriedenheit konfrontiert und erkennt, dass er bei sich anfangen muss, anstatt andere dafür verantwortlich zu machen.

Es ist nicht einfach, unzufriedene Menschen zufriedenzustellen. Umso dankbarer bin ich, wenn ich zufriedenen Menschen begegne. Von ihnen geht Frieden aus. Mit ihnen kann man gut sprechen. Und im Gespräch kommt man dann auf wichtige Themen. Man kann zum Beispiel die Gedanken des eigenen Vortrags mit ihnen erweitern. Das Gespräch mit zufriedenen Menschen beschenkt und bereichert einen selbst. Das Gespräch mit einem unzufriedenen Menschen erzeugt dagegen in uns oft ein Gefühl von Ärger, von Aggression oder auch von Zweifel und Verunsicherung. Vor der Unzufriedenheit anderer muss ich mich schützen. Sonst werde ich von ihr angesteckt. Wenn ich mit unzufriedenen Menschen spreche, spüre ich in mir die Herausforderung, selbst Zufriedenheit auszustrahlen. Ich spüre in mir die Verantwortung dafür, ob von mir

Zufriedenheit oder Unzufriedenheit ausgeht. Und nur wenn Zufriedenheit von mir ausgeht, werden meine Worte den anderen erreichen. Denn wenn er hinter meinen Worten meine eigene Unzufriedenheit spürt, wird er sich innerlich auch gegen die Worte wehren.

Zufriedenheit mit dem Leben

Die Unzufriedenheit mit den Dingen oder mit anderen Menschen hat meistens eine tiefere Ursache: Man ist mit dem Leben selbst nicht zufrieden. Man konzentriert sich auf alles, was nicht gut läuft. Man beschwert sich über die Nachbarn, die zu laut sind, unfreundlich sind, an einem vorbeigehen oder aber zu neugierig sind und ständig ein Gespräch mit einem anfangen wollen. An allem hat man etwas auszusetzen. Man ist unzufrieden mit dem Leben, so, wie es bisher gelaufen ist, mit der beruflichen Laufbahn, mit der Situation, wie sie jetzt in der Firma ist, mit den Verwandten, mit der Familie. Natürlich gibt es immer Gründe, warum man unzufrieden sein könnte. Und es gibt in der Verwandtschaft, in der Firma, in der eigenen Lebensgeschichte Dinge, die nicht leicht zu akzeptieren sind. Aber trotzdem kommt es auf meine innere Haltung an, wie ich auf das, was mir vorgegeben ist, reagiere.

Der zufriedene Mensch ist einverstanden mit seinem Leben. Er hat sich oft auch schwergetan, wenn es nicht so gelaufen ist, wie er sich das vorgestellt hat. Aber er hat sich schnell damit abgefunden und zu allem Ja gesagt. Er sieht sein Leben im Zusammenhang mit dem Leben anderer Menschen. So kann er sagen: Ich bin zufrieden. Ich bin gesund. Ich habe eine Familie, die mich trägt, in der ich mich wohlfühle. Ich habe einen Beruf, den ich gerne ausübe, der mir Freude bereitet. Und ich bin dankbar für meinen Glauben, der mich trägt.

Der zufriedene Mensch hat sich verabschiedet von Illusionen, die er vielleicht auch einmal hatte. Er nimmt es so, wie es ist. Ich bin neulich bei einem Vortrag in einer Kirche einem alten Mesner begegnet. Er strahlte diese Zufriedenheit aus und war zufrieden mit seinem Pfarrer, mit seiner Gemeinde. Er begrüßte freundlich die Menschen, die in die Sakristei kamen und nach einer Toilette suchten. Er erzählte fröhlich und voller Liebenswürdigkeit von den Menschen in seiner Gemeinde. Er freute sich, dass auch am Werktag dreißig Menschen in den Gottesdienst kommen. Diese genießen es, jeden Tag eine Eucharistiefeier zu haben, sich zu treffen, nach dem Gottesdienst noch miteinander zu sprechen und voneinander zu erzählen. So weiß jeder vom anderen, was ihn bewegt. Und man fühlt sich mitten in der Stadt daheim, getragen von einer Gemeinschaft von gläubigen Menschen. Dieser freundliche und zufriedene Mesner strahlte auch eine Weisheit aus. Ich spürte, dass dieser Mann niemanden verurteilt, dass er offen ist für alle Menschen, für die Einheimischen mit ihren Eigenheiten und für die Fremden und Flüchtlinge. Weil er zufrieden ist mit seinem Leben, geht von ihm auch Zufriedenheit aus, die jedem, der ihm begegnet, guttut.

Ich habe mich mit ihm nicht länger unterhalten. Dazu war keine Gelegenheit. Aber ich kann mir gut vorstellen, wie das Leben dieses Mannes verlaufen ist. Da ging sicher auch nicht alles glatt. Die Zufriedenheit, die dieser alte Mann ausstrahlte, war vermutlich errungen durch manche Schwierigkeiten, die er durchlebt hat, durch manche Krankheit, die er durchlitten hat, durch manche Enttäuschung und Verletzung. Aber er hat sich von allem Schweren nicht niederdrücken lassen. Er hat Ja zu seinem Leben gesagt. Und so ging von ihm eine Zufriedenheit aus, die nicht aufgesetzt, sondern authentisch und echt war. Solche zufriedenen Menschen sind ein Segen für ihre Umgebung.

Eine meiner Tanten hat im Krieg ihren Mann verloren. Nach dem Krieg musste sie allein den Bauernhof bewirtschaften. Dann heiratete sie den Knecht, den sie angestellt hatte. Nach einigen Jahren starben zwei ihrer Kinder an Krebs beziehungsweise Leukämie. Trotzdem blieb sie eine fröhliche Frau voller Lebenslust. Als ich sie fragte, wie sie trotzdem diese Zufriedenheit ausstrahlen könnte, antwortete sie: »Jeder muss sein Kreuz tragen.« Sie hat nicht rebelliert gegen ihr Schicksal. Sie hat es angenommen als das Kreuz, das Gott ihr aufgeladen hat. Das Wort vom Kreuztragen hatte nicht den Geschmack von Resignation, sondern von innerem Frieden und von Einverstandensein mit dem Leben. Ihr Glaube hat ihr gesagt, dass es das Kreuz gibt. Sie hat sich das Kreuz nicht ausgesucht. Aber als es sie traf, hat sie es angenommen als eine Herausforderung. Und sie ist daran gewachsen. Sie war trotzdem zufrieden mit ihrem Leben. Und diese Zufriedenheit hat sie ausgestrahlt. Man hat sich gerne mit ihr unterhalten. Da ging eine starke Lebensbejahung von ihr aus.

Meine Mutter hatte in ihren letzten fünfundzwanzig Jahren nur drei Prozent Sehkraft. Sie hat ihren Mann verloren, als sie einundsechzig Jahre alt war. Aber sie hat im Alter immer Zufriedenheit ausgestrahlt. Sie hat das Leben so genommen, wie es war. Wenn man sie fragte, wie es ihr geht, sagte sie immer: »Ich bin zufrieden.« Sie hatte sich mit ihrer Krankheit ausgesöhnt und das Beste daraus gemacht und ihre festen Rituale, die ihr Heimat schenkten. Sie hat sich gerne mit den Menschen unterhalten und sich gefreut, wenn sie anderen etwas Lebensmut schenken konnte. So erlebe ich viele alte Menschen, die Zufriedenheit ausstrahlen, obwohl sie auch ihre Krankheiten haben und allmählich ihre Schwächen und Grenzen wahrnehmen. Sie sind nicht fixiert auf die Grenzen und Beeinträchtigungen, sondern schauen auf das, was sie noch können, was ihnen noch vergönnt ist. Solche alten Menschen, die Zufriedenheit ausstrahlen, sind ein Segen für ihre Umwelt. Aber natürlich begegnen wir auch alten Menschen, die immer jammern. Sie fühlen sich alleingelassen, von Gott und von den Menschen verlassen. Von solchen Menschen zieht man sich instinktiv zurück, um nicht von ihrer Unzufriedenheit angesteckt zu werden.

In Gesprächen erzählen mir alte Menschen oft ihre Lebensgeschichte. Da war viel Leid: Kriegserlebnisse, Vertreibung, Heimatlosigkeit, als Flüchtling von den Einheimischen abgelehnt, mühsam den Lebensunterhalt erworben. Aber trotzdem erzählen sie ihr Leben so, wie es war, ohne jemanden anzuklagen. Es war hart und bitter. Aber sie sind stolz, dass sie all das durchgestanden haben. Und so sind sie einverstanden mit ihrem Leben und dankbar, dass sie jetzt leben können, dass sie noch einigermaßen gesund sind und eine schöne Wohnung haben, dass sie Familie habe, mit Kindern und Enkelkindern. Aber auch alleinstehende alte Menschen erzählen oft mit innerer Zufriedenheit von ihrem Leben. Sie hatten sich Familie gewünscht. Aber es sollte nicht sein. Sie sind nicht verbittert, sondern einverstanden mit dem Leben, so, wie es ist. Sie fühlen sich in der Pfarrei daheim. Sie engagieren sich für andere Menschen. Und sie sind dankbar, dass es ihnen besser geht als vielen, denen sie bei ihren Krankenhaus- oder Seniorenheimbesuchen begegnen.

Die Zufriedenheit mit dem Leben ist offensichtlich nicht abhängig von dem, was die Menschen erlebt haben, sondern von der Art und Weise, wie sie das Erlebte heute sehen und interpretieren. Und es ist unsere Entscheidung, wie wir auf unser vergangenes Leben schauen, ob mit Verbitterung oder mit Dankbarkeit. Die Vergangenheit können wir nicht mehr verändern. Sie ist vorbei. Aber wir können uns entscheiden, wie wir auf unser vergangenes Leben und wie wir auf unsere gegenwärtige Situation schauen. Wer mit einem zufriedenen Auge darauf sieht, wird sich anders erleben als der, der immer nur jammert und sich vom Schicksal benachteiligt fühlt.

Wege zur Zufriedenheit

Ich habe schon öfter angesprochen, wie wir Zufriedenheit erlangen können. Im Wort »zu-frieden« steckt ja das Bild, dass wir zum Frieden kommen müssen, dass es einen Weg geben muss, wie wir zum Frieden gelangen können. Daher möchte ich im letzten Kapitel genauer die Wege betrachten, die uns zur Zufriedenheit führen könnten. Dabei möchte ich drei Wege betrachten: den philosophischen Weg, wie ihn uns die griechische Philosophenschule der Stoa beschreibt, den psychologischen Weg und den spirituellen Weg. Allerdings hängen alle drei Wege miteinander zusammen. Und wir werden erkennen, dass die Wege jeweils für den anderen Weg offen sind.

Der Weg der Stoa

Die stoische Philosophie war um das Jahr 300 vor Christus begründet worden durch Zenon aus Kition auf Zypern. Der stoischen Philosophie ging es nicht nur darum, die Welt zu erklären. Ihr Hauptgebiet war vielmehr das richtige Verhalten des Menschen und sein Weg zum inneren Glück und zur Zufriedenheit. Im Neuen Testament können wir erkennen, dass Paulus die stoische Philosophie kannte. Er zitiert gerade in seinen sogenannten Tugend- und Lasterkatalogen oft stoische Philosophen. Lukas erzählt uns in der Apostelgeschichte, dass Paulus mit stoischen Philosophen diskutierte. Auf dem Areopag hält Paulus eine Rede, in der er viele Gedanken der stoischen Philosophie aufgreift. Da ist der Gedanke, dass Gott nicht in von Menschen gemachten Tempeln wohnt, sondern die ganze Welt durchdringt. Das Wort »In ihm leben wir, bewegen wir uns und sind wir« (Apostelgeschichte 17,28) finden wir in ähnlicher Weise bei den stoischen Philosophen.

Die Römer hatten eine Vorliebe für die stoische Philosophie. Da ist vor allem Seneca zu nennen und später der Philosoph auf dem Kaiserstuhl: Marc Aurel. Ein Hauptvertreter der Stoa ist der frühere Sklave Epiktet. Er wurde um das Jahr 50 nach Christus in Phrygien geboren und kam als Sklave nach Rom. Dort wurde er von seinem Herrn freigelassen, weil er den Philosophen in ihm erkannt hatte. Epiktet war gelähmt und blieb auch unverheiratet. Seine Gedanken, die seine Schüler gesammelt haben, waren bei den Kirchenvätern und den frühen Mönchen sehr beliebt. Die Mönche sahen in ihm einen philosophischen Christen. Ich möchte einige seiner Gedanken über den Weg zur Zufriedenheit darlegen. Oft werden wir Parallelen zu christlichen Aussagen entdecken.

Ein entscheidender Gedanke bei Epiktet ist die Unterscheidung zwischen dem, was in unserer Gewalt steht, und dem, was nicht in unserer Gewalt ist. Unser Denken und Fühlen ist in unserer Gewalt. Das Äußere dagegen, was uns in der Natur begegnet, oder die Verhaltensweisen der Menschen um uns herum stehen nicht in unserer Gewalt.

Der größte Fehler, den wir machen können, ist, ständig um das zu kreisen, was nicht in unserer Gewalt steht. So schreibt Epiktet: »Hältst du für frei, was seiner Natur nach unfrei ist, und für dein eigen, was fremd ist, so wirst du viel Verdruss haben, Aufregung und Trauer, und wirst mit Gott und allen Menschen hadern. Hältst du aber nur das Deine für dein eigen und Fremdes für fremd, so wird nie jemand dich zwingen, nie jemand dich hindern, du wirst nie jemand Vorwürfe machen, nie jemand schelten, nie etwas wider Willen tun. Niemand wird dir schaden, denn du wirst keinen Feind haben – nichts kann dir schaden« (Epiktet, 21).

Eine andere wichtige Unterscheidung ist die zwischen den Dingen und den Vorstellungen, die wir uns von den Dingen machen: »Nicht die Dinge selbst beunruhigen die Menschen, sondern die Vorstellungen von den Dingen. So ist zum Beispiel der Tod nichts Furchtbares – sonst hätte er auch dem Sokrates furchtbar erscheinen müssen –, sondern die Vorstellung, er sei etwas Furchtbares, das ist das Furchtbare. Wenn wir also unglücklich, unruhig oder betrübt sind, wollen wir die Ursache nicht in etwas anderem suchen, sondern in uns, das heißt in unseren Vorstellungen« (Epiktet, 24). Um die Vorstellungen geht es auch beim Thema Zufriedenheit. Wenn wir von unserem Leben andere Vorstellungen haben als die Realität, dann sind wir unzufrieden. Daher fordert uns Epiktet auf: »Verlange nicht, dass alles so geschieht, wie du es wünschest, sondern sei zufrieden, dass es so geschieht, wie es geschieht, und du wirst in Ruhe leben« (Epiktet, 25).

Manchmal klingen uns die Worte des Epiktet allzu rational. Sie scheinen unsere Emotionen zu überspringen. Epiktet glaubt an die Kraft der Vernunft.

Auch wenn seine Gedanken vielleicht sehr rational sind, so liegt in ihnen doch eine Herausforderung. Das gilt auch von der Vorstellung, dass wir alle eine Rolle zu spielen haben in einem Schauspiel, das Gott bestimmt und nicht wir selbst. Wir können uns die Rolle nicht aussuchen. Unsere Aufgabe ist es, die Rolle, die uns zugewiesen ist, gut zu spielen, ob es nun die Rolle eines Herrschers oder eines Menschen mit Behinderung ist, wie Epiktet mit seiner Lähmung selbst einer war (vgl. Epiktet, 29).

Der Gedanke, dass uns nicht der andere Mensch verletzt, sondern nur unsere Vorstellung, die wir von ihm haben, führt zu Folgerungen, die den Worten Jesu nahekommen: »Nicht wer dich schmäht und nicht wer dich schlägt, kränkt dich, sondern nur die Vorstellung, als ob sie dich kränkten« (Epiktet, 31). Das wiederum führt zu einer ähnlichen Haltung dem vermeintlichen Feind gegenüber, wie es Jesus in der Bergpredigt von uns verlangt. Feindschaft entsteht immer aus Projektion, aus den Vorstellungen, die ich mir vom Feind mache. Der Feind kann sich selbst nicht annehmen und bekämpft das, was er bei sich nicht annehmen kann, bei mir. Wenn ich diese Vorstellungen durchschaue, ist der andere nicht mein

Feind, sondern einer, der in sich gespalten ist und der Heilung bedarf. Das Wort Jesu »Wenn dich einer auf die rechte Wange schlägt, dann halt ihm auch die andere hin« können wir nur verstehen, wenn wir auf unsere Vorstellungen achten. Zur Zeit Jesu schlug man mit dem Handrücken. Das Schlagen war nicht ein Akt von Gewalt, sondern von Entehrung. Es war eine verächtliche Geste. Aber wenn ich mich selbst nicht verachte, wenn ich um meine eigene Würde weiß, dann kann die Vorstellung, die der andere von mir hat, mich nicht verunsichern. Ich bleibe in meiner Ehre, auch wenn der andere auch noch meine andere Wange schlägt und mir nochmals vermittelt, dass ich nichts wert sei.

Wie die frühen Mönche, so mahnt uns auch Epiktet, uns den Tod täglich vor Augen zu halten: »Das wird dich vor kleinlichen Gedanken bewahren und vor übermäßigen Begierden« (Epiktet, 31). Die Mönche begründen den täglichen Gedanken an den Tod damit, dass man dann ganz im Augenblick und bewusst lebt. Für Epiktet befreit uns der Gedanke an den Tod von kleinlichen Gedanken. Wir sehen unser Leben dann so, wie es wirklich ist. Und wir ordnen es ein in den großen Zusammenhang der Geschichte. Unser Leben ist begrenzt. Und wir haben Ja zu sagen zu diesem begrenzten Leben. Dann wird es ein Segen sein für andere.

Epiktet fordert uns auch auf, richtige Vorstellungen von Gott zu haben oder von den Göttern, wie er schreibt: »Man muss wissen, dass sie (die Götter) wirklich vorhanden sind und die Welt gut regieren. Dich selbst musst du gewöhnen, ihnen zu gehorchen und dein Schicksal gern zu ertragen, in der Überzeugung, dass es einem weisen Ratschluss entspringt. Dann wirst du die Götter niemals tadeln oder ihnen Vorwürfe machen, als kämest du zu kurz« (Epiktet, 38).

Wenn wir im Vaterunser beten: »Dein Wille geschehe«, dann entspricht das dieser Haltung, sich auf Gottes Willen einzulassen. Dann sind wir zufrieden mit unserem Leben. Allerdings liegen auf dem Weg dorthin durchaus Rebellion und Gefühle von Zweifel, Wut und Traurigkeit. Wir sollen, so meint Epiktet, immer an die Weisheit Gottes denken, die unsere Gedanken übersteigt. Wir sollen vertrauen, dass alles der Weisheit Gottes entspringt, dann können wir uns mit dem aussöhnen, was ist. Aber natürlich weiß auch Epiktet, dass es nicht einfach ist, in dem Leid, das uns trifft, Gottes Weisheit zu erkennen. Es ist immer ein Prozess, den wir durchmachen. Wir müssen uns durchringen, mit dem Leben einverstanden zu sein, in dem Vertrauen, dass alles einer höheren Weisheit entspringt, die wir oft nicht verstehen.

Wenn einer gegen sich selbst rebelliert, dann schadet er sich selbst. Er wirft sich gleichsam selbst ins Gefängnis. Epiktet fragt: »In welches Gefängnis? In das, in dem er jetzt ist; denn er ist wider seinen Willen da, und wo jemand wider seinen Willen ist, da ist sein Gefängnis. So war zum Beispiel Sokrates nicht im Gefängnis, denn er war dort aus eigenem Willen« (Epiktet, 63). Epiktet war gelähmt. Aber die Frage: »Muss ich denn dieses lahme Bein haben?« stellt sich für ihn nicht. Wer so fragt, dem antwortet er: »Du kleinlicher Mensch, um dieses armseligen Fußes willen schimpfst du über die Weltregierung? Ihn wolltest du nicht im Hinblick auf die Gesamtheit betrachten? Du willst nicht freiwillig verzichten, ihn nicht freudig dem zurückgeben, der ihn dir gegeben?« (Epiktet, 63). Solche Gedanken scheinen uns allzu einfach zu klingen. Doch in ihnen steckt eine Herausforderung, sich und sein Leben im Angesicht Gottes zu betrachten oder, wie Epiktet es ausdrückt, im Angesicht des ganzen Kosmos. Wir sind Teil dieses Kosmos. Wenn wir uns als einen Teil sehen, dann relativieren sich unsere eigenen Wünsche an das Leben. Alles steht für Epiktet in einem innigen Zusammenhang. Deshalb sind wir nie allein, immer eins mit dem Kosmos und letztlich auch eins mit Gott: »Deshalb, wenn ihr eure Türen geschlossen und eure Wohnung verdunkelt habt, bedenkt, dass ihr niemals sagen könnt, ihr seid allein; denn ihr seid es nicht, Gott ist in euch« (Epiktet, 65).

Auch wenn mir die Gedanken von Epiktet manchmal zu einfach und zu rational erscheinen, so sehe ich in ihnen doch eine Herausforderung, Ja zu sagen zu meinem Leben. Die Gedanken wollen uns einen Weg zeigen, wie wir zufrieden sein können mit unserem Schicksal. Wir dürfen es nicht ständig infrage stellen. Es ist so, wie es ist. Wir sind Teil des Ganzen. Und wie wir Ja sagen zu unserem Leben, das hat auch Auswirkungen auf den gesamten Kosmos. Wir haben uns nicht ausgesucht, mit welchem gesunden oder kranken Leib wir ausgestattet sind, welche Talente wir haben, an welchen Grenzen wir leiden. Wenn wir zufrieden sind mit unserem Leben, so wie es ist, dann geht auch von uns Frieden aus in die Welt und wir leisten dann unseren Beitrag zur Verwandlung dieser Welt. Christlich würden wir sagen: dann dringt durch uns der Geist Jesu in diese Welt ein und verwandelt sie, sodass sie mehr und mehr christusförmig wird.

Psychologische Wege

Manches, was die stoische Philosophie als Weg zur inneren Zufriedenheit beschrieben hat, sagt uns die heutige Psychologie in ähnlicher Weise. Dennoch möchte ich einige Gedanken anführen, die uns einen Weg zur Zufriedenheit weisen können.

Das Bild von den Vorstellungen, die wir uns von den Dingen machen und die nicht übereinstimmen mit der Realität, wird auch von den verschiedenen psychologischen Schulen verwendet. In der Psychologie von C. G. Jung hängen diese Vorstellungen mit Illusionen zusammen. Er sieht den Menschen immer polar strukturiert, das heißt, in uns gibt es gegensätzliche Pole: Liebe und Aggression, Verstand und Gefühl, Vertrauen und Angst, Glauben und Unglauben, Disziplin und Disziplinlosigkeit. Wenn wir an unserem Idealbild hängen bleiben, dann gerät der Pol, den wir an uns ausblenden, in den Schatten. Von dort wird er sich destruktiv auf uns auswirken. Wir leben dann ständig in der Angst, dass der Schatten sich in uns unangenehm zu Wort melden und uns auch nach außen hin blamieren könnte. Daher ist ein wichtiger Weg zur inneren Zufriedenheit, dass wir unsere Schattenseiten in aller Demut annehmen. Das führt zu einer inneren Gelassenheit. Wenn wir den Schatten unterdrücken, haben wir den Eindruck, wir sitzen ständig auf einem Pulverfass, das irgendwann einmal hochgehen kann. Jung empfiehlt uns, uns auszusöhnen mit unseren Schattenseiten. Es sind fast religiöse Ausdrücke, die er hier braucht. So beschreibt er die Menschen, die sich mit ihren Schattenseiten und mit ihrer Lebensgeschichte ausgesöhnt haben: »Sie kamen zu sich selber, sie konnten sich selber annehmen, sie waren imstande, sich mit sich selbst zu versöhnen, und dadurch wurden sie auch mit widrigen Umständen und Ereignissen ausgesöhnt. Das ist fast das gleiche, was man früher mit den Worten ausdrückte: ›Er hat seinen Frieden mit Gott gemacht, er hat seinen eigenen Willen zum Opfer gebracht, indem er sich dem Willen Gottes unterwarf.‹«

Die Aussöhnung mit sich selbst bezieht sich nicht nur auf die Annahme des eigenen Schattens, sondern auch auf das Annehmen der eigenen Lebensgeschichte. Jung meint, irgendwann sei es nicht mehr so wichtig, wie die eigene Kindheit war, welche Verletzungen man in dieser Zeit erlebt habt. Es ist vielmehr unsere Aufgabe, uns mit dieser konkreten Geschichte auszusöhnen. Dann können die Verletzungen auch zu einer Chance werden, aufgebrochen zu werden für unser wahres Selbst. Oder, wie Hildegard von Bingen sagt: Die Wunden können in Perlen verwandelt werden. Sie können mich mit meinen wahren Fähigkeiten in Berührung bringen. Dann hadere ich nicht mehr mit meiner Lebensgeschichte, sondern bin im Frieden mit ihr. Ich schaue zufrieden auf mein Leben, so, wie es jetzt geworden ist. Alles, was war, hat mich zu dem gemacht, der ich jetzt bin.

Die kognitive Verhaltenstherapie zeigt uns andere Wege zur Zufriedenheit auf. Sie geht davon aus, dass unser Wohlbefinden davon abhängt, wie wir die Dinge betrachten, wie wir uns selbst und unsere Erlebnisse bewerten. Diese Gedanken ähneln denen von Epiktet. Wir sind unzufrieden mit uns selbst, weil wir unser Leben in einer ganz bestimmten Weise bewerten. Wir bewerten uns als Versager, als Feiglinge, als Schwächlinge, als konfliktunfähige, beziehungsunfähige Menschen. Und dann meinen wir, wir seien auch so. Falsche Bewertungen kommen zustande, indem wir übertreiben, wichtige Sachverhalte vernachlässigen und typischen Glaubenssätzen folgen wie etwa: »Ich muss von jedermann geliebt werden. Ich muss perfekt sein« (vgl. Jaeggi, 34). Es ist wichtig, solche falschen Bewertungen zu durchschauen und sich von ihnen zu verabschieden. Dann kann ich mich auch anders erleben und inneren Frieden finden.

Genauso wie wir uns falsch bewerten, bilden wir uns auch über andere Menschen ein falsches Urteil. Wir sehen sie als uns überlegen an oder als uns feindlich gesinnt, als Heuchler, als Rivalen. Dann erleben wir sie auch so. Wie wir die Menschen erleben, hängt von den inneren Bildern ab, die wir uns von ihnen machen. Eine wichtige Form der Therapie besteht daher darin, uns dieser Bilder bewusst zu werden und sie durch realistischere Bilder abzulösen.

Ein anderer Weg – vor allem in der Tiefenpsychologie – ist, nach den Ursachen meiner Unzufriedenheit zu fragen. Oft sind es schmerzliche Erfahrungen, die ich als Kind gemacht habe. Ich fühlte mich nicht angenommen. Mir wurden Bilder übergestülpt. Ich durfte nicht ich selbst sein. Vielleicht haben mich auch meine Eltern ständig angetrieben, mehr zu leisten, erfolgreicher zu sein. Ich habe die Erwartungen meiner Eltern nicht erfüllt oder vielleicht sogar Ablehnung erfahren. All diese frühkindlichen Erfahrungen wirken in mir weiter. Und sie sind oft die Ursache, dass ich jetzt nicht zufrieden bin mit mir. Das Erinnern dieser Erlebnisse allein schenkt mir allerdings noch keine Zufriedenheit. Es geht darum, den Schmerz nochmals zu durchleben, den Hass nochmals zu spüren, der in mir hochkommt. Wenn ich durch die negativen Gefühle hindurchgehe, werde ich auf dem Grund dieser Gefühle dann plötzlich andere Emotionen entdecken. Auf dem Grund meines Hasses wird Liebe sichtbar. Auf dem Grund des Schmerzes erlebe ich einen inneren Frieden. Auf diesem Weg ist es gut, einen therapeutischen Begleiter zu haben, der mit mir all diese Erlebnisse anschauen und sie gemeinsam mit mir durcharbeiten kann. Dann kann sich meine Selbstwahrnehmung langsam verwandeln und ich komme in Frieden mit mir selbst.

Roberto Assagioli, der Begründer der Psychosynthese, hat einen anderen Weg zum inneren Frieden aufgezeigt. Er schreibt, einerseits gehe es in der Therapie um das Aussöhnen mit seinem Leben. Aber es gibt noch einen anderen Weg, den der Dis-Identifikation.

Er führt von den äußeren Erfahrungen in das eigene Innere. Assagioli nennt das Innere des Menschen das Spirituelle Selbst. Die Methode der Dis-Identifikation funktioniert in etwa so: Ich schaue meinen Ärger an, der in mir auftaucht. Ich lasse ihn zu. Er darf sein. Aber dann gehe ich nach innen, zum inneren Selbst, das diesen Ärger beobachtet. Assagioli spricht vom unbeobachteten Beobachter. Dieses innere Selbst, das den Ärger beobachtet, ist vom Ärger nicht infiziert. Ich sage mir dann: »Ich habe Ärger, aber ich bin nicht mein Ärger. Ich habe Probleme, aber ich bin nicht das Problem. Ich habe Angst, aber ich bin nicht meine Angst.« Ich distanziere mich von den Emotionen und von den Problemen, ohne sie zu verdrängen. Ich gehe von ihnen weg nach innen. Dort, in der »inneren Heimat«, wie ein anderer transpersonaler Psychologe, James Bugental, das nennt, bin ich im Einklang mit mir selbst und im Einklang mit Gott. Dort kann mich die Unzufriedenheit mit den äußeren Fakten meines Lebens nicht stören. Doch spüre ich einen tiefen inneren Frieden und innere Freiheit.

Spirituelle Wege

Die transpersonale Psychologie, wie sie bei Assagioli erscheint, öffnet den psychologischen Weg schon hin zu einem spirituellen Weg. Von meiner Erfahrung als geistlicher Begleiter möchte ich einige andere Aspekte dieses Weges beschreiben, der uns zur Zufriedenheit führen könnte.

Viele sind mit sich unzufrieden, weil sie von ihrer religiösen Erziehung her die Vorstellung haben, sie müssten perfekt sein, alle ihre Fehler überwinden. Andere haben den Eindruck, dass sie immer Sünder bleiben und Schuld mit sich herumschleppen. Ständig mit einem schlechten Gewissen zu leben, raubt uns den inneren Frieden. Ursache dieses schlechten Gewissens ist oft eine moralisierende Frömmigkeit. Wir verwechseln den frommen Menschen mit dem moralisch perfekten Menschen und stehen ständig unter Druck, moralische Forderungen zu erfüllen. Häufig steht hinter diesem Druck aber nicht der Wille Gottes, sondern das eigene Über-Ich. Wir meinen, Gott möchte von uns, dass wir fehlerlos sind. Doch es ist oft der Ehrgeiz des eigenen Über-Ichs, vor anderen gut dazustehen.

Gegen diese moralisierende und uns häufig überfordernde Spiritualität sollen wir die Spiritualität stellen, die uns Jesus verkündet hat. Für ihn ist die Barmherzigkeit die wichtigste Haltung des Christen. Er fordert die Pharisäer auf: »Geht hin und lernt, was es heißt: Barmherzigkeit will ich, nicht Opfer« (Matthäus 9,13). Jesus benutzt hier eine Schulformel der Pharisäer. Er will ihnen sagen: Geht nach Hause, setzt euch an euer Pult und lernt die wichtigste Lektion, die Gott von uns verlangt. Es geht um Barmherzigkeit und nicht um die Leistung, nicht um das Opfer. Wenn wir barmherzig mit uns umgehen, dann finden wir zum inneren Frieden. Dann sind wir zufrieden mit uns, auch wenn wir einen Fehler machen. Denn wir reagieren nicht mit Verurteilung, sondern mit Barmherzigkeit. Wir reagieren nicht mit dem verurteilenden Verstand, sondern mit dem mitfühlenden Herzen.

Eine Ursache unserer Unzufriedenheit liegt in den Bildern, die wir von uns haben. Viele haben das Selbstbild, dass sie immer perfekt, erfolgreich, cool, angepasst und brav sein müssten. Oder sie haben Bilder der Selbstentwertung in sich: Ich bin nicht richtig. Mit mir kann es niemand aushalten. Gegen solche

Bilder der Selbstüberschätzung und Selbstentwertung sollten wir das Bild stellen, das sich Gott von uns gemacht hat. Jeder Mensch ist ein einmaliges Bild, das Gott sich nur von diesem Menschen gemacht hat. Wir können dieses Bild nicht beschreiben. Aber wenn wir im Einklang sind mit uns selbst, dann dürfen wir darauf vertrauen, dass wir in Berührung sind mit diesem Bild. Dieses Bild, das sich Gott von mir gemacht hat, ist nicht das eines schlechten Menschen, sondern das eines Menschen, durch den Gott etwas von seinem eigenen Wesen, von seiner Liebe in dieser Welt aufleuchten lassen möchte. Es ist also ein positives Selbstbild.

Dieses positive Selbstbild wurde uns in der Taufe deutlich gemacht. Da spricht Gott zu uns: »Du bist mein geliebter Sohn, du bist meine geliebte Tochter. An dir habe ich mein Gefallen.« Es ist ein Wort bedingungsloser Liebe. Ich bin von Gott bedingungslos geliebt. Ich muss seine Liebe nicht erkaufen mit Leistung, mit Wohlverhalten. Der katholische Pastoralpsychologe Karl Frielingsdorf meint, wenn ein Kind nur bedingte Daseinsberechtigung erfährt, wenn es nur geliebt wird, wenn es genügend leistet, erfolgreich ist, brav und pflegeleicht ist, dann entwickelt es Strategien des Überlebens. Es leistet immer mehr, um endlich gesehen zu werden. Es traut sich nie, die eigene Meinung zu sagen, nur damit es von allen geliebt wird. Solche Menschen kommen nie in Frieden mit sich selbst. Sie stehen ständig unter dem Druck, sich beweisen zu müssen. Und es ist nie genug, was sie tun. Frielingsdorf nennt diese Form des Lebens nur ein Überleben, aber kein wirkliches Leben. Die bedingungslose Liebe durch Gott ist die Voraussetzung, dass wir mit uns zufrieden sein dürfen. Das heißt nicht, dass wir nicht an uns arbeiten, dass wir keinen spirituellen Wandlungsweg gehen. Aber es gibt eben einen Grundsatz des geistlichen Lebens: Ich kann nur verwandeln, was ich angenommen habe. Erst, wenn ich mich selbst so angenommen habe, wie ich bin, kann Verwandlung geschehen. Das, was ich an mir ablehne, bleibt an mir hängen. Es verwandelt sich nur, wenn ich es liebevoll und demütig annehme.

Und noch ein anderer spiritueller Grundsatz, der uns zum inneren Frieden führt: Verwandlung statt Veränderung. Viele sind nicht mit sich zufrieden. Sie sagen: Ich bin nicht gut. Ich muss ein anderer Mensch werden. Alles muss ganz anders werden in meinem Leben. Sie wüten gegen sich selbst, ändern ständig ihre Lebensweisen, ihre Ernährungsweisen, ihre psychologischen Methoden, damit sie zu einem ganz anderen Menschen werden. Die Verwandlung ist sanfter. Sie sagt: Alles in mir darf sein. Aber ich bin noch nicht der oder die, die ich von meinem Wesen her sein könnte. Ich halte alles, was in mir ist, Gott hin. Ich verurteile nichts, ich verdränge nichts. Ich halte es Gott hin, in der Hoffnung, dass seine Liebe alles in mir durchdringt und alles in mir verwandelt.

Das Ziel der Verwandlung ist, dass ich immer mehr ich selbst werde. Der Prozess der Verwandlung geht über das ehrliche Anschauen, was in mir ist, und über das In-Beziehung-Bringen zu Gott. Ich halte meine Wirklichkeit so, wie sie ist, Gott hin. Ich halte auch das, was in meinen Träumen in mir aufsteigt, Gott hin. Alles darf sein. Ich muss nichts verdrängen. Ich vertraue darauf, dass Gottes Liebe auch in die Tiefen meines Unbewussten eindringt, alles Dunkle in mir erhellt und alles Fehlerhafte durch seine Liebe in die richtige Richtung bringt. Natürlich kann es auch eine Hilfe sein für den Prozess der Verwandlung, dass ich die äußeren Umstände oder Gewohnheiten, in denen ich lebe, verändere. Ich verändere die Bedingungen meines Lebens, damit ich mich verwandeln kann, damit ich immer mehr zu dem oder zu der werde, die ich eigentlich bin.

Eine Ursache, warum viele Menschen unzufrieden sind, ist die Verwechslung des Bildes, das Gott sich von ihnen macht, mit dem Bild des eigenen Ehrgeizes. Sie meinen, Gott würde von ihnen verlangen, dass sie perfekt sind. Und sie zitieren dann oft das Wort Jesu, dass wir vollkommen sein sollen wie unser himmlischer Vater (vgl. Matthäus 5,48). Doch wenn man die Übersetzung etwas genauer betrachtet, dann muss man das griechische Wort »teleioi« nicht mit »perfekt« oder »fehlerlos« oder »vollkommen«, sondern mit »ganz« übersetzen. Und das griechische Wort »esesthe« heißt nicht: »Ihr sollt vollkommen sein«, sondern: »Ihr werdet ganz sein, wie es auch euer himmlischer Vater ist.« Es ist also keine Forderung, die uns überfordert, sondern eine Verheißung. Wenn wir wie Gott die Sonne unseres Wohlwollens über das Gute und Böse in uns leuchten lassen und über die Guten und Bösen in der Welt, dann haben wir Anteil an Gott, dann sind wir ganz und vollständig wie Gott. Dann hört die innere Spaltung auf. Und dann wird auch die Unzufriedenheit mit uns, dass wir doch nicht fehlerlos sind, durch die Haltung des

Wohlwollens allem gegenüber abgelöst. Das führt zu innerem Frieden.

Wenn mir Menschen in der Begleitung erzählen, dass sie mit sich unzufrieden sind, weil sie nicht fromm genug sind, weil sie zu wenig Disziplin haben, weil sie oft noch so empfindlich auf Kritik reagieren, dann frage ich immer: Ist es das Bild deines Ehrgeizes, das du erfüllen willst? Oder was will Gott von dir? Will Gott von dir, dass du vor den andern als spiritueller Mensch dastehen möchtest? Oder ist das dein eigener Wille? Auf dem geistlichen Weg kommt es für mich darauf an, immer freier zu werden von den Bildern, die ich mir selbst übergestülpt habe, und mich zu fragen, was Gott von mir will. Was traut Gott mir zu? Ich möchte gerne immer gelassen sein, um zu zeigen, wie der Glaube einen Menschen verwandelt und ihm innere Ruhe schenkt. Aber vielleicht will Gott von mir, dass ich mir meine eigene Empfindlichkeit eingestehe und gerade als dieser Mensch, der unter seinen Schwächen leidet, zum Zeugen seiner Barmherzigkeit werde in dieser Welt. Will Gott von mir, dass ich immer diszipliniert bin und meine Rituale immer treu einhalte? Oder will er, dass ich mir meiner eigenen Schwächen bewusst werde und immer auf der

Suche bleibe nach ihm, dass ich immer mehr spüre: Ich bin angewiesen auf Gottes Barmherzigkeit. Ich werde nie vollkommen sein. Ich werde nie das Bild erreichen, das ich mir von mir gemacht habe. Aber gerade darin will Gott mir vielleicht meine eigenen Vorstellungen von mir zerbrechen, um mich immer mehr aufzubrechen für das Geheimnis seiner Liebe. Das bedeutet nicht, dass ich resigniere und nicht an mir arbeite. Ich habe durchaus Lust, an mir zu arbeiten. Aber ich setze mich nicht unter Druck. Ich weiß, dass der Prozess der Verwandlung Irrtum und Fehler beinhaltet. Aber ich vertraue darauf, dass ich immer mehr zu dem oder zu der werde, die ich von Gott her bin.

Viele sehen den Willen Gottes als etwas an, dem sie nie gerecht werden können. Oder sie sehen in ihm etwas Fremdes, Willkürliches, das ihnen einen Strich durch die Rechnung ihres Lebens macht. Doch Paulus schreibt im 1. Thessalonicherbrief: »Das ist der Wille Gottes, eure Heiligung« (1 Thessalonicher 4,3). Heiligung meint nicht, dass wir perfekt sind, sondern dass wir heil und ganz werden, dass wir ganz wir selbst werden. »Hagios«, also »heilig« ist das, was der Welt entzogen ist, worüber die Welt keine Macht hat.

Gottes Wille ist, dass wir zu unserem Selbst finden, das nicht mehr von der Welt und ihren Maßstäben bestimmt wird, sondern von Gott her. Den Willen Gottes erkennen wir, wenn wir ganz still werden und mit dem inneren Raum der Stille in uns in Berührung kommen. Dann ist das, was unsere Seele will, und das, was Gott will, identisch. Wir finden dann im Willen Gottes einen tiefen inneren Frieden. Er ist nichts Fremdes, das uns Angst macht, sondern Gottes Zuspruch, dass wir zu unserem wahren Selbst finden. Und wenn wir mit dem wahren Selbst in Berührung sind, sind wir im Frieden mit uns selbst. Dann sind wir zufrieden. Das Äußere kann uns nicht mehr aus dieser Zufriedenheit herausreißen.

Ich sollte nun aber auch nicht mit dem Ideal der Zufriedenheit Druck auf mich ausüben, dass ich immer zufrieden sein muss. Zu meinem Leben gehört der ständige Wechsel von Zufriedenheit und Unzufriedenheit. Die Unzufriedenheit mit mir selbst zwingt mich, mich von meinen eigenen Bildern von mir und vom geistlichen Leben zu verabschieden und mich immer wieder aufbrechen zu lassen für mein wahres Wesen und für den ganz anderen Gott. Wenn ich die Spannung zwischen Unzufriedenheit und Zufriedenheit in mir annehme, dann komme ich zum wirklichen Frieden mit mir selbst, mit den Menschen und mit Gott. Aber das wird dann nie ein satter Friede sein, sondern einer, der immer angefochten ist. Wir sind ständig in Gefahr, uns von uns selbst und von unserem spirituellen Leben Bilder zu machen, die uns nicht guttun. Wenn wir unzufrieden sind, ist das immer eine Herausforderung, mich zu fragen: Will Gott das von mir oder will ich selbst es? Ist es mein eigener Ehrgeiz, der mich hier an meine Grenze führt, damit ich diese Grenze überspringe, um mich dem grenzenlosen Gott zu ergeben? Die Unzufriedenheit mit mir selbst ist der Stachel, der mich antreibt, zum wahren inneren Frieden zu gelangen, zu einem Frieden, den nur der ganz andere Gott zu geben vermag. Es ist nicht mein Ideal des zufriedenen und gelassenen Menschen, der immer in seiner Mitte ist, der immer im Einklang ist mit sich selbst. Ich hänge nicht an meinen eigenen Bildern, sondern ich lasse mich von Gott immer mehr aufbrechen für das Bild hinter allen Bildern, für mein wahres Selbst, das hinter allen Selbstbildern hervorscheint.

Frieden mit Gott

Die höchste Form der Zufriedenheit ist der Friede mit Gott. Wenn wir im Frieden mit Gott sind, dann finden wir auch zu einer tieferen Form von Zufriedenheit mit uns und unserem Leben. Wir können von den drei Bedeutungen von Frieden ausgehen – Einklang (»eirene«), Versöhnung (»pax«) und Freiheit –, um den Frieden mit Gott angemessen zu beschreiben.

Paulus beginnt seine Briefe immer mit dem Wunsch: »Gnade sei mit euch und Frieden von Gott, unserem Vater, und dem Herrn Jesus Christus« (1 Korinther 1,3; vgl. auch Römer 1,7,2; Korinther 1,2 und Galather 1,3). Der Friede (»eirene«) kommt von Gott. Er, der als dreifaltiger Gott mit sich im Einklang ist, soll uns an seinem inneren Einklang teilhaben lassen. Der Mensch kommt erst dann ganz zu sich, wenn auch der Ton Gottes in ihm erklingt, wenn Gott mit ihm eins wird. Der Epheserbrief entfaltet dieses Thema, indem er Christus selbst unseren Frieden nennt. »Er vereinigte die beiden Teile (Juden und Griechen) und riss durch sein Sterben die trennende Wand der Feindschaft nieder« (Epheser 2,14). In jedem von uns gibt es den Juden und den Griechen, den Frommen und den Heiden. Beide Bereiche sind in uns oft getrennt und sie bekämpfen einander. Christus hat durch seinen Tod die Trennwand zwischen diesen Bereichen niedergerissen. Jetzt können sie in uns miteinander in Einklang sein. Der Epheserbrief entfaltet das Geheimnis des Friedens noch weiter: Christus »kam und verkündete den Frieden: euch, den Fernen, und uns, den Nahen. Durch ihn haben wir beide in dem einen Geist Zugang zum Vater« (Epheser 2,17f). Christus hat in uns die verschiedenen Töne miteinander in Einklang gebracht. Er hat das Ferne und das Nahe in uns zusammengeführt. Alles in uns hat jetzt Zugang zu Gott, alles ist offen geworden für ihn, sodass er in alles eindringen kann, was in uns ist. Das ermöglicht es uns, alles in uns anzuschauen und alles in uns von Gottes Liebe durchdringen zu lassen.

Der andere Aspekt des Friedens ist die Versöhnung. Diesen Aspekt entfaltet Paulus vor allem im zweiten Korintherbrief: »Gott war es, der in Christus die Welt mit sich versöhnt hat, indem er den Menschen ihre Verfehlungen nicht anrechnete und uns das Wort von der Versöhnung (zur Verkündigung) anvertraute. Wir sind also Gesandte an Christi Statt, und Gott ist es, der durch uns mahnt. Wir bitten an Christi Statt: Lasst euch mit Gott versöhnen!« (2 Korinther 5,19f). Versöhnung stiftet Gemeinschaft. Die Gemeinschaft zwischen Gott und den Menschen war gestört durch die Sünde.

Das deutsche Wort »Sünde« kommt von »sondern«: Die Sünde hat uns von Gott abgesondert. Das können wir psychologisch deuten: Wer ein schlechtes Gewissen hat, der fühlt sich von anderen Menschen abgesondert. Er isoliert sich selbst. Und wer vor Gott ein schlechtes Gewissen hat, der verschließt sich vor ihm. Denn er will ihm sein schlechtes Gewissen nicht zeigen. Gott selbst ergreift die Initiative. Am Kreuz hat er den Menschen gezeigt, dass seine Schuld vergeben ist. Diese Erfahrung hebt das schlechte Gewissen des Menschen auf und ermöglicht es ihm wieder, sich Gott zu nahen und die Nähe Gottes dankbar anzunehmen. Gott war immer offen für den Menschen. Aber der Mensch hat sich selbst Gott gegenüber verschlossen durch die Sünde. Die Vergebung öffnet dieses verschlossene Tor, sodass der Mensch es wieder wagt, sich Gott zu zeigen und darauf zu vertrauen, dass er trotz seiner Schuld von Gott geliebt ist. Diese Versöhnung mit Gott versöhnt den Menschen auch mit sich selbst. Er macht sich seine Fehler nicht mehr zum Vorwurf. Er fühlt sich bedingungslos von Gott geliebt. So kann er auch in Frieden kommen mit sich selbst.

Der dritte Aspekt des Friedens mit Gott ist der der Freiheit. Diesen Aspekt hat Paulus vor allem im Galaterbrief betont: »Zur Freiheit hat uns Christus befreit. Bleibt daher fest und lasst euch nicht von neuem das Joch der Knechtschaft auflegen!« (Galather 5,1). Ein Grund unserer Unzufriedenheit ist die innere Versklavung durch unsere eigenen Vorstellungen von uns und vom geistlichen Leben und durch die inneren Gesetze, die wir uns selbst oft vorschreiben. Wir meinen, dass wir Gott nur dann gefallen können, wenn wir bestimmte Gebete verrichten, bestimmte Fähigkeiten erlernen, einen klaren spirituellen Weg gehen. Heute drücken sich die inneren Gesetze, die uns versklaven, auch in weltlicher Weise aus: Wir müssen jeden Tag so und so viele Kilometer joggen. Wir dürfen nur das oder jenes essen, um gesund zu bleiben. Wir müssen jeden Tag eine Übung der Achtsamkeit einhalten, um bewusst zu leben. Unser Leben ist heute von vielen selbstgemachten oder aber uns von den Medien aufgedrängten Gesetzen geprägt. Von der Versklavung an all diese Gesetze hat uns Christus befreit. Wenn der Geist Jesu in uns ist, dann sind wir wahrhaft frei. So heißt es im 2. Korintherbrief: »Wo der Geist des Herrn wirkt, da ist Freiheit« (2 Korinther 3,17).

Was Paulus im Galaterbrief geschrieben hat, das hat der Trappistenmönch Thomas Merton in seinen Büchern und Ansprachen immer wieder angesprochen. Thomas Merton hat das Leben im Kloster im Blick. Da begegnet er vielen Mitbrüdern, die meinen, ein guter Trappist sei der, der alle Vorschriften genau erfüllt. Doch das führt oft nicht in die innere Freiheit, sondern verstärkt die Neurosen, die der eine oder andere ins Kloster mitgebracht hat. Merton betont immer wieder die innere Freiheit, zu der uns die Kontemplation führen sollte. Er spricht von der Wiedergeburt, vom Leben als neuer Mensch, eines »auferstandenen Lebens im Geheimnis Christi und im Reich Gottes« (Merton, 115).

Merton definiert die Berufung des Mönches: »wiedergeboren werden zu einer neuen, ganzheitlichen Identität, zu einer Existenzweise, deren Fruchtbarkeit auf ihrer Tiefe und Radikalität beruht und deren

Kennzeichen Friede, Weisheit, Kreativität und Liebe sind« (Merton, 117). Wer diese neue Identität gefunden hat, der fühlt sich innerlich frei. Und er überwindet den spirituellen Weg, den Merton bei vielen Christen beobachtet: den Weg der Anpassung an die Gesellschaft. Man ist fromm, um den Anforderungen des Lebens zu genügen. Aber man passt sich der Welt mit ihren Erwartungen an, anstatt in der Kontemplation die innere Freiheit zu gewinnen, zu der sie uns führen möchte. Der Mensch, der durch die Kontemplation die innere Wiedergeburt erlebt, ist fähig geworden, »die Freuden und Leiden der anderen als seine eigenen zu erfahren, ohne sich jedoch von ihnen beherrschen zu lassen. Er hat eine tiefe innere Freiheit erlangt – die Freiheit des Geistes, von der das Neue Testament spricht« (Merton, 123).

Wer diese innere Freiheit erlangt, der lebt zugleich auch ein Leben der Ganzheit. Er integriert in sich alle Lebensformen: »Das gewöhnliche Leben des Menschen, das Leben des Geistes, die Kreativität des Künstlers, die Erfahrungen zwischenmenschlicher Liebe, das religiöse Leben. Er durchbricht die diesen Lebensformen eigenen Schranken, indem er das Beste und Umfassendste an ihnen bewahrt, um schließlich einem ganzheitlichen, umfassenden Selbst zum Durchbruch zu verhelfen« (Merton, 124). Dieser Mensch lässt auch die kulturellen Beschränktheiten hinter sich. Er ist, so meint Merton, im wahrsten Sinn »katholisch« geworden: Er verbindet alles, was er in der Welt und in den verschiedenen Religionen als innere Wahrheit wahrnimmt. Das ist für Merton auch das Ziel des Mönchtums: »Das monastische Ideal besteht gerade in dieser Art von geistlicher Freiheit, das heißt der Befreiung von Beschränkungen dessen, was Stückwerk und Fragment innerhalb einer überlieferten Kultur bleibt. Das Mönchtum zielt auf eine Weite und Universalität der Schau, die alle Dinge im Licht der Einen Wahrheit sieht, wie der heilige Benedikt, der die ganze Schöpfung ›in einem einzigen Sonnenstrahl‹ sah« (Merton, 125).

Freiheit und Frieden, Freiheit und Ganzheit, Integration aller Gegensätze, darin besteht für Merton das eigentliche Ziel der Kontemplation. Er wehrt sich gegen das typisch amerikanische Axiom, dass alles etwas bringen muss. In Amerika nimmt er wahr, dass man auch Kontemplation verzwecken möchte. Der Manager sollte Kontemplation üben, damit er mehr leisten kann. Doch darum geht es nicht, sondern es geht um die innere Freiheit, die alle Zwänge zur Anpassung und zur Verzweckung überwindet. So sieht es Merton als die eigentliche Aufgabe des Mönches an, »dem modernen Menschen glaubwürdig zu bezeugen, dass Gott die Quelle und Garantie unserer Freiheit ist und nicht eine über unseren Köpfen schwebende Macht, die uns in unserer Freiheit einschränkt« (Merton, 187). Das Ziel der Begegnung mit Gott ist die »Entdeckung unserer eigenen tiefsten Freiheit«. »Wenn wir Ihm nie begegnen, wird sich unsere Freiheit nie voll entfalten können« (Merton, 187).

Die innere Freiheit, zu der uns die Kontemplation führen soll, ist die Bedingung wahren inneren Friedens. Wer diese innere Freiheit gefunden hat, dessen innerer Friede ist nicht mehr davon abhängig, was die anderen von ihm denken und wie sie ihn behandeln. Hier kommt Thomas Merton zu ähnlichen Beschreibungen des Menschen, wie wir sie in den Schriften des stoischen Philosophen Epiktet gefunden haben. Freiheit und Friede gehört also wesentlich zusammen. Diese innere Freiheit ist die Bedingung zu wahrer Zufriedenheit. Wer frei ist vom Urteil der Menschen, von den Maßstäben dieser Welt wie Erfolg und Anerkennung, Bestätigung und Berühmtsein, der kann sich zufrieden dem Augenblick zuwenden. Er findet in sich wahren inneren Frieden, weil Gott in ihm herrscht und er nicht mehr beherrscht wird von seinen eigenen Bedürfnissen oder von den Erwartungen der Menschen.

Wahrhaft zufrieden

Wir haben einige Aspekte der Zufriedenheit angeschaut. Und wir haben erkannt, dass wir Zufriedenheit nicht isoliert betrachten können. Wenn wir eine Haltung zu Ende denken, führt sie uns zu vielen anderen Haltungen, die zu einem gelingenden Leben gehören, der der Dankbarkeit, der Freiheit, der Unabhängigkeit, der Genügsamkeit, der Einfachheit und Klarheit. Entscheidend ist, dass wir diese Haltungen nicht als Forderungen sehen, die wir absolut erfüllen müssen. Es sind vielmehr Haltungen, die uns Halt geben in unserem Leben. Sie sind in uns angelegt. Indem wir innehalten, entdecken wir in unserem Inneren diese Haltungen. Und wir sind dankbar, wenn wir sie als Weg erkennen zu einem erfüllten und zufriedenen Leben.

Aber wir erkennen in uns nicht nur die Haltungen, die uns Halt geben. Wir entdecken in uns immer auch die Tendenz, gegen diese Haltungen zu leben oder sie zu vergessen. So ist auch die Haltung der Zufriedenheit kein Halt, der wie ein Betonpfeiler unbeweglich in unserem Leben steht. Sie ist vielmehr wie ein Baum, der tief verwurzelt in unserer Seele ist. Aber der Baum wiegt auch hin und her im Wind. Er wird manchmal gebeugt durch einen Sturm. Aber er richtet sich dann wieder auf. Die Mönche haben das Bild des Baumes geliebt. Sie sagen, die Versuchungen sind wie ein Sturm, der unseren Baum zwingt, seine Wurzeln tiefer in die Erde einzugraben. So wird auch die innere Zufriedenheit ständig von den Stürmen des Lebens infrage gestellt. Sie muss sich bewähren mitten im Versagen, das genauso zu uns gehört wie das Gelingen.

Jesus verheißt uns keine satte Zufriedenheit. Er fordert uns vielmehr auf, standhaft zu bleiben: »Wenn ihr standhaft bleibt, werdet ihr das Leben gewinnen« (Lukas 21,19). Oder wie es im Griechischen wörtlich heißt: »Im Drunterbleiben (›hypomone‹) werdet ihr eure Seelen gewinnen.« Wenn wir stehen bleiben, auch wenn Bedrängnisse auf uns einströmen, dann finden wir mitten in den Turbulenzen unseres Lebens einen inneren Frieden. Dann bleiben wir ganz wir selbst, im Einklang mit unserem wahren Selbst.

Ein anderes Wort Jesu bestätigt diesen Weg zum inneren Frieden durch alle Drangsale unseres Lebens hindurch. Beim letzten Mahl mit seinen Jüngern sagt Jesus zu ihnen – und auch zu uns: »Dies habe ich zu euch gesagt, damit ihr in mir Frieden habt. In der Welt seid ihr in Bedrängnis; aber habt Mut: Ich habe die Welt besiegt« (Johannes 16,33). Den wahren Frieden finden wir, wenn wir mit Jesus die Welt überwinden, wenn wir uns nicht mehr von der Welt her definieren, sondern von Gott her. So ist die Zufriedenheit mehr als eine Charaktereigenschaft. Sie ist letztlich das Ergebnis eines spirituellen Weges, auf dem ich mich innerlich befreie von den Maßstäben der Welt und den inneren Raum des Friedens in mir entdecke, der auf dem Grund meiner Seele schon in mir vorhanden ist. Wenn ich mit diesem Raum des inneren Friedens und der Stille in mir in Berührung bin, dann bin ich wahrhaft zufrieden.

Literatur

Epiktet
Handbüchlein der Moral und Unterredungen
herausgegeben von Heinrich Schmidt, Stuttgart 1966

Heinrich Godefried
Ein Büchlein von der Zufriedenheit
Regensburg 1926

Reimer Gronemeyer
Die neue Lust an der Askese
Berlin 1998

Eva Jaeggi
**Kognitive Verhaltenstherapie –
Kritik und Neubestimmung eines aktuellen Konzepts**
Weinheim 1979

Herbert Marcuse
Der eindimensionale Mensch
Neuwied/Berlin 1967

Thomas Merton
Im Einklang mit sich und der Welt
übersetzt und eingeleitet von Georg Tepe, Zürich 1992

Herrad Schenk
Vom einfachen Leben –
Glücksuche zwischen Überfluss und Askese
München 1997

David Steindl-Rast
Einfach leben – dankbar leben –
365 Inspirationen
Freiburg im Breisgau 2014